존재의 ─── 제자리 찾기

「이 도서의 국립중앙도서관 출판예정도서목록(CIP)은 서지정보유통지원시스템 홈페이지(http://seoji.
nl.go.kr)와 국가자료공동목록시스템(http://www.nl.go.kr/kolisnet)에서 이용하실 수 있습니다.(CIP제어
번호: CIP2017033074)」

존재의 제자리 찾기

ⓒ박영규 2017

초판 1쇄   2017년 12월 18일

지 은 이   박영규
펴 낸 이   이정원
책임편집   이동하
디 자 인   김정호
마 케 팅   나다연 • 이광호
경영지원   김은주 • 박소희
제   작   송세언
관   리   구법모 • 엄철용

펴 낸 곳   도서출판 들녘
등록일자   1987년 12월 12일
등록번호   10-156
주   소   경기도 파주시 회동길 198번지
전   화   편집부 031-955-7385 마케팅 031-955-7378
팩시밀리   031-955-7393
홈페이지   www.ddd21.co.kr
페이스북   www.facebook.com/bluefield198
I S B N   979-11-5925-300-3 03100

값은 뒤표지에 있습니다. 파본은 구입하신 곳에서 바꿔드립니다.

푸른들녘은 도서출판 들녘의 청년 브랜드입니다.

청춘을 위한
현상학 강의

존재의
─────
제자리 찾기

박영규 지음

푸른들녘

재직했던 학교에서 〈인문학강좌〉라는 강의를 개설해서 학생들을 가르치
면서 나는 몇 가지 깨달음을 얻었다. 그 가운데 하나는 대한민국 청춘
의 현주소를 새롭게 바라보는 기회를 얻었다는 점이다. 이 강의를 개설하
기 전까지 나는 요즘의 청춘들이 별 다른 고민 없이 편하게 세상을 살아
가는 세대라고 생각했다. 기껏해야 취업 걱정, 연애 걱정 정도나 하는 그
런 세대쯤으로 생각했다. 하지만 그건 나의 착각이었고, 편견일 뿐이었
다. 그들도 자신의 삶을 진지하게 생각하고 있었고, 어떤 세상이 정의로
운 세상인지에 대해서도 분명한 생각을 갖고 있었다. 수업시간에 그들과
몇 가지 주제를 놓고 대화를 해보니 그들의 시선이 오히려 더 역동적이
고 창의적인 경우가 많았다. 그들이 보는 세상과 내가 보는 세상의 프레
임이 조금 다를 뿐 그들도 기성세대들과 똑같은 고민을 하고, 그 답을 찾
기 위해 애쓰고 있었다. 사유의 폭을 넓히고 싶은 욕구가 충만한 학생들
도 많이 봤다.

　그래서 나는 학기가 새롭게 바뀔 때마다 내 강의 계획안을 조금씩 수
정했다. 그들의 고민 수준에 맞추기 위해서였다. 단순한 신변잡기 정도를
인문학이라는 이름으로 내놓기에는 너무 부족했고, 새로운 생각거리를
제공해줄 필요가 있다고 봤던 것이다. 그래서 지난 학기에는 철학의 한

분야인 현상학이라는 이름을 빌려보았다. 다소 무겁고 어려운 주제일 수도 있었지만 인문학 공부의 색다른 맛을 느끼게 해주고 싶었다.

이 책은 그런 생각으로 선보였던 강의 내용을 손질하고 다듬은 후 유사한 틀의 내용을 몇 가지 더 얹어서 단행본으로 묶은 것이다. 세상과 삶에 대해 조금은 깊이 있게 생각해보고 싶은 청춘들에게 이 책을 권한다.

책에서 다루는 철학은 사변적인 탁상공론으로서의 철학이 아니라 생활세계에서 만나는 상식의 철학이다. 따라서 무겁지 않고 가볍다. 철학이라는 선입견을 내려놓고 가벼운 마음으로 책을 손에 잡아도 무방할 것이다.

내가 보는 세상과 내게 보이는 세상은 다르다. 피상적인 것과 본질적인 것의 차이를 제대로 구분해야 세파에 휘둘리지 않는다. 현상학은 이면을 투시하고 배후를 꿰뚫어 볼 수 있는 능력을 기르는 데 안성맞춤인 철학이다.

일러두기

철학 분야의 고전(번역본)이나 해설서, 문학작품 등 책 본문 중에서 저자가 내용을 직접 인용하거나 참고
한 도서의 목록은 서술 도중 인용문 처리를 하지 않고 제목순으로 책 뒤편에 일괄 정리해 두었다. 출간
당시 서지 정보를 근거로 수록했으므로 이 책 본문의 정보와 약간 다른 점이 있을 수 있다.

1. 현상학적 세상읽기

현상학이란 무엇인가?

"현상학은 '존재의 제자리 찾아주기' 운동이다."

현상학^{現象學, phenomenology}은 현대철학의 한 장르를 지칭하는 용어다. 미술에도 인상파가 있고 입체파가 있듯이 철학에도 다양한 장르들이 있는데 현상학은 그중 하나다. 현상학의 시조^{始祖}는 19세기 독일의 철학자 에드문트 후설^{Edmund Husserl}이다. 후설에서 시작된 현상학은 하이데거, 사르트르, 라캉 등을 거쳐 메를로퐁티에 와서 완성된다.

현상학이란 뭘까? 이걸 알아야 현상학적으로 세상을 읽을 수가 있을 것이다. 우선 현상학의 개념부터 간단하게 알아보기로 한다. 주의할 점은 현상학이라는 용어에 매몰되면 현상학을 이해할 수 없다는 사실이다. 현상학이란 현상된 것에 초점을 맞추는 철학이 아니다. 오히려 거꾸로다. 현상된 것의 이면, 배면, 배후를 투시하는 학문이 현상학이다.

존재의 제자리 찾아주기

현상학은 한마디로 '본질을 탐구하는 학문'이라고 정의할 수 있다. 여기서 말하는 본질이란 '있는 그대로의 세상과 사물'로 바꾸어 쓸 수 있다. 쉽게 설명하면 이렇다. 여기 A라는 물체가 있다. A는 사물, 세계, 대상, 자연이라고 불러도 무방하다. 그런데 이 A에는 온갖 잡티들이 덕지덕지 들러붙어 있다. 그걸 붙인 주범은 학문, 역사, 과학, 신앙, 문화 등 세상에 존재하는 모든 기성적 관념들이다. 현상학은 A에게서 이 잡티들을 싹 제거한 후 원래 존재하던 A의 모습을 보려는 시도다. 그 모습이 바로 A의 본질이다. 우리의 의식이나 지각도 마찬가지다. 우리의 의식이나 지각은 각종 편견과 오류들로 가득 차 있다. 이것들을 제거한 후 있는 그대로의 의식, 있는 그대로의 지각을 보려는 철학적 시도가 바로 현상학이다. 현상학의 완성자 메를로퐁티는 이렇게 선언한다.

현상학이란 본질에 대한 규정, 그 자체다.

현상학의 또 다른 임무는 이렇게 확보된 사물의 본질을 존재의 자리에 다시 되돌려주는 것이다. 기성적 학문들의 편견에 사로잡혀 있는 존재를 그것의 손아귀에서 떼내어 깨끗이 청소한 후 다시 원래의 자리로 돌려주는 것이다. 그래서 현상학은 '존재의 제자리 찾아주기' 운동으로 명명할 수 있다. 눈에 콩깍지가 끼면 세상을 제대로 볼 수 없듯이 편견이나 오류로 가득 찬 의식이나 지각으로는 세상을 있는 그대로 볼 수가 없다는 것이 현상학의 생각이다. 그래서 현상학은 있는 그대로의 모습, 즉

'사실성'을 확보하기 위해 때 묻은 것들의 청소에 유달리 신경을 많이 쓴다. 그리고 세탁이 끝난 후 세탁소 주인이 옷 주인에게 세탁물을 돌려주듯이 현상학은 그런 과정을 거친 후 사물이 원래 있던 자리, 존재의 원래 자리로 되돌려준다.

Let it be

현상학은 사물과 세상의 사실성(있는 그대로의 모습)에서 출발해야 그것들을 제대로 이해할 수 있다고 생각하는 학문적 믿음이다. 그러기 위해서 자연현상은 원래 있던 그대로 두어야 한다고 본다. 말하자면 'Let it be'가 현상학의 모토인 셈이다. 비틀즈의 존 레넌과 그의 부인 오노 요코가 전쟁 중단과 평화를 호소하기 위해 나체 상태에서 서로를 꼭 껴안고 누워 있는 퍼포먼스를 벌인 장면을 떠올리면 현상학의 학문적 지향성이 머릿속에 쉽게 그려진다. 인간에게 가장 자연스럽고 편한 상태, 인간의 가장 원초적인 모습은 존 레넌과 오노 요코가 펼친 퍼포먼스와 유사하다. 현상학은 사물과 의식의 원시적인 상태를 추구한다. 메를로퐁티의 표현을 그대로 빌리면 세계는 언제나 '이미 거기에' 양도할 수 없는 현전으로서 존재한다. 현상학은 '이미 거기에' 있는 사물과 세상과의 소박한 접촉을 회복하기 위한 철학적 시도다.

　현상학의 원칙 가운데 가장 중요한 것은 현상을 있는 그대로 기술하는 것이다. 그러기 위해서는 설명하거나 분석하지 말아야 한다. 그래서 현상학에서는 '어떤 이론에 따르면, 어떤 원리에 따르면'이라고 하면서 구구절절이 기성의 학문적 프레임을 갖다 붙이는 것을 금기시한다. 그 이유는 있는 그대로의 사물과 세상을 굴절시키지 않고 똑바로 보기 위해서다.

메를로퐁티는 이러한 태도를 순수기술이라고 칭한다. "설명하거나 분석하지 말라. 다만 사물을 있는 그대로 순수하게 기술하라. 그리하여 사물 그 자체로 복귀하라." 메를로퐁티는 숲과 초원, 강의 예를 든다. 숲이나 초원, 강은 자연과학자들이 그 특성을 설명하고 분석하기 이전부터 숲으로, 초원으로, 강으로 존재한다. 관계당국에서 입산금지, 낚시금지라는 팻말을 붙여 놓기 전부터 자연으로 존재한다. 세계는 내가 할 수 있는 분석과 설명에 앞서 거기에 있다. 실재實在는 기술하는 것이지 구성하거나 구축하는 것이 아니다. 세계는 내가 구성의 법칙을 내 수중에 넣어 가지고 있는 대상이 아니다. 그것은 문자 그대로의 자연적 환경이고, 나의 모든 사유의 장이고, 나의 모든 명시적 지각의 장이다.

일체의 틀을 거부하고 남는 것은 결국 '나' 자신이다. 나의 주관적 의식만 남는다는 뜻이다. 이것은 경험으로 존재하는 세계로부터 얻어진 것이 아니기 때문에 선험적이다. 현상학에서 말하는 선험적 자아는 바로 이러한 내 의식의 모습이다. 선험적 자아란, 경험에 물들기 이전의 순수한 자기 상태를 의미한다. '나'는 세상의 절대적 원천이며, 나의 실존은 내 이전의 행적이나 사회적, 물리적 환경에서 나오지 않는다. 내 의식은 역사에서 독립된 실체이며, 문화적 관습, 언어적 규정으로부터도 독립되어 따로 존재한다. 그것은 '선험적'으로 존재한다. 선험적 자아는 현상학적 세상읽기에 필요한 지고 지선한 보검이다. 이 보검으로 현상학은 세상과 승부한다. 흠결 있는 세상은 보검 앞에서 추풍낙엽처럼 쓰러진다. 현상학이 20세기 현대철학을 접수한 것은 이 보검 덕분이다.

현상학적 환원

현상학의 승패는 선험적 자아라는 보검을 여하히 확보하느냐에 따라 갈린다. 보검을 열심히 갈고 닦아 진검 상태로 보관해야 세상을 제대로 읽을 수 있다. 여기에 동원된 방법을 현상학적 환원이라고 부른다. 후설이 주창한 이 환원에 대해 많은 철학자들이 이의를 제기했지만 메를로퐁티는 꿋꿋하게 후설을 지지한다. 그래서 메를로퐁티는 후설의 진정한 적자嫡子다.

'현상학적 환원'에서 '환원'은 되돌아간다는 뜻이다. 어디로 되돌아간단 말인가? 선험적 자아로 되돌아가는 것이다. 선험적 자아란, 경험, 학문, 역사, 문화 등 온갖 잡것들을 다 버리고 때 묻지 않은 나의 투명한 의식, 절대적 의식, 선험적 자아로 되돌아가는 것이다. 세상의 녹슨 검들을 다 버리고 진검, 보검을 다시 손에 쥐는 것이 바로 현상학적 환원이다. 환원이 이루어질 때 비로소 세상은 있는 그대로 나의 의식에 현상된다. 굴절되지 않고 곧고 바르게 현상現象된다.

환원된 내 의식 앞에서 세상은 절대적 투명성으로 반짝인다. 자, 그리고 이때 전령이 나선다. 전령의 이름은 선험적 자아다. 의식의 전령, 의식의 헤르메스인 선험적 자아는 이때 세상을 명증하게 인식한다. 콩깍지가 벗겨지고 땟물이 말끔하게 제거된 선험적 자아는 세상을 있는 그대로 인식하고 거기에 하나씩 의미를 부여한다. 세상 모든 것들은 이제 제대로 된 이름을 얻는다. 어지럽던 세상은 새로운 질서로 다시 태어난다. 참된 진리가 탄생한다.

잡티가 제거된 현상학이라는 보검으로 세상을 읽어보자.

청춘아, 왜 네가 거기에 있느냐?

"사람을 존재론적으로 연결시켜주는 것은 물질이나 조건이 아니라 '사랑'이다."

송창식의 불후의 명곡 〈사랑이야〉는 이렇게 시작한다.

당신은 누구시길래 이렇게 내 마음 깊은 거기에 찾아와 어느새 촛불 하나
이렇게 밝혀 놓으셨나요.

첫 소절에 나오는 '누구'의 의미는 뭘까? 송창식은 상대의 무엇이 궁금
한 걸까? 직업? 나이? 출신지? 전부 아니다. 송창식이 묻고 있는 것은 상
대의 존재 그 자체다. 불시에 나를 찾아와 내 마음을 빼앗아버린 당신이
라는 존재의 의미에 대해 묻고 있다.

마르틴 하이데거Martin Heidegger는 『존재와 시간』에서 이러한 유형의 물음
을 "존재론적 물음"이라고 말한다. 후설의 제자였던 하이데거는 현상학

을 존재론으로 확장한 걸출한 철학자다. 후설의 '현상'은 하이데거에 와서 '존재가 자신을 드러내는 자리'로 바뀐다. 하이데거는 한때 나치에 협력했다. 이 때문에 학계와 시민사회에서 엄청난 비난을 받았으며, 연인이면서 제자였던 한나 아렌트와 서먹한 사이가 되기도 했다. 나치 협력 사실에는 중대한 죄를 물을 수도 있겠다. 하지만 하이데거의 저서만큼은 청춘들에게 존재의 진정한 의미를 가르쳐주고 있다.

존재론적 물음은 "느그 아버지 뭐하시노"라고 할 때의 그 '뭐' 하고는 차원이 다른 질문이다. 아버지의 '뭐'에 대한 질문은 아버지라는 사람의 존재론적 본질이 아니라 외형(직업, 출신지, 재산 등)을 묻는 물음이다. 하이데거에 의하면 이러한 물음은 인간에게 있어서 비본질적 물음이다. 직업이나 고향, 재산 등은 사람으로서 사람이 가지는 존재의 본질과는 무관하다. 존재의 본질과 무관한 것을 가리켜 비본질적, 혹은 비본래적이라고 하이데거는 말한다. 그렇지만 우리는 흔히 이런 비본질적, 비본래적 질문에 집착한다. 존재의 본래적 특성에는 관심이 없고, 부차적인 문제에만 관심을 가진다. 그래서 사람을 처음 만나면 그 사람의 존재론적 향기나 멋이 아니라 겉치레부터 먼저 따진다. 키가 몇이냐? 형제가 몇이냐? 학교는 어디 나왔느냐? 어디 다니느냐? 등등을 먼저 묻고 따진다. 그러고 나서 상대의 신체적 조건이나 직업, 가정환경 등이 자신이 생각하는 기

---

* 독일의 정치철학자. 『예루살렘의 아이히만』에서 '악의 평범성'의 개념을 고안한 것으로 유명하다. 잘못된 사회 구조 속에서는 평범한 사람마저도 악으로 물들 수 있다고 주장했다. 나치시절 장교와 병사들이 악행을 한 것도 그들이 본질적으로 악해서가 아니라 나치주의 시대의 독일사회가 병폐한 탓이 크다고 했다.

준에 미치지 못하면 더 이상 관계를 발전시키지 않는다.

그러나 송창식의 노래에서 보듯이 사람을 존재론적으로 연결시켜주는 것은 물질이나 조건이 아니라 '사랑'이다. 재산이 많다고, 학벌이 좋다고, 가문이 훌륭하다고 해서 존재의 촛불이 밝혀지는 것은 아니다.

청춘의 자리

하이데거는 인간의 실체적인 존재, 즉 실존을 규정하는 존재론적 특성을 다자인Dasein이라고 말한다. 다자인은 일본 학자들의 영향을 받아 현존재現存在로 번역되어 사용되지만 독일어의 의미를 살려 정확하게 표현하면 '거기Da에 있음sein'이다. '거기'라는 말은 마땅히 있어야 할 곳, 즉 제 위치를 뜻한다. 청춘이 마땅히 있어야 할 곳이 청춘의 현존재이고, 사람이 마땅히 있어야 할 곳이 사람의 현존재이다. 송창식의 노랫말에서 나의 영혼을 사로잡은 당신은 내 존재의 깊숙한 바로 '거기'에 찾아왔다. 이 '거기'가 바로 현존재이다. 그러하기에 '당신은 누구냐'고 묻는 송창식의 물음은 현존재로서의 인간의 의미를 진실 되게 묻고 있는 질문이다.

이에 비해 "느그 아버지 뭐하시노"라는 질문은 현존재로서의 인간과는 무관하다. 인간은 직업이 있기 전부터 인간이고, 재산이 많고 적음에 상관없이 인간이기 때문이다. 이런 질문들이 지향하는 세상은 가설무대와 같은 것이다. 그곳에서 펼쳐지는 것은 실존적 삶이 아니라 망상적, 가상적 쇼다. 인간의 존재론적 본성과는 동떨어진 것이기에 그러한 쇼는 비인간적이고, 야수적이다. 이러한 상황은 프란츠 카프카*의 소설 『소송』에서 선량한 시민 K에게 어느 날 느닷없이 닥쳐온 황당한 상황과 같다. 터무니없는 수사와 재판에 따라 K가 죽음을 맞듯이 현대사회에서는 가상적 쇼가 본질을 대체하고, 비본래적 존재들이 인간의 실존을 파괴한다. 현대인들은 가상과 진실이 전도된 세상에서 살고 있다. 하이데거는 『존재와 시간』에서 전도된 가상의 세상을 정상으로 되돌려놓기 위해 분투한다. '현상학적 환원을 통해 가상무대를 철거(해체)'하고, 새로운 무대를 설치한다. 하이데거가 새로 설치한 무대에서 연기를 하는 주연 배우는 현존재로서의 햄릿이고, 극의 내용도 '사느냐 죽느냐'라는 실존적 고민으로 바뀐다.

자크 데리다**가 창시한 것으로 알려진 해체주의는 그 맥락으로 볼 때 하이데거가 원류인 셈이다.

나의 존재는 안녕한가

나는 내 손에 연필을 쥐고 있다. 나라는 존재자와 연필이라는 존재자의 본질적 차이는 뭘까? 고정성과 유동성에 있다. 연필은 과거에도 연필이었고, 미래에도 연필이다. 그것은 자신의 존재를 필기구라는 고정체로서 완성시켰다. 더 이상의 확장성도, 변화 가능성도 없다. 그러나 인간이라

---

* 20세기 초반에 활동한 독일작가. 현대 사회의 인간소외, 인간의 존재론적 불안 등을 표현한 작가로, 소설에 실존주의적 주제들을 뛰어나게 녹여냈다는 평가를 받는다.
** 현상학과 구조주의를 연구하고 새로운 사상을 펼쳐낸 후기구조주의 철학자. 플라톤에서부터 근대까지 이어진 철학사상을 해체하고 뒤짚는 방식의 사상을 펼쳤다.

는 존재자는 끊임없는 변화 속에 놓여 있다. 어제의 나는 오늘의 나와 다르고, 오늘의 나는 내일 또 다른 내가 되어 있을 것이다. 나는 무한한 변화의 가능성 속에 놓여 있다. 그러한 가능성은 시간이라는 매개와 연계되어 있다. 인간은 시간이라는 프레임 속에서 끊임없이 자신을 변화, 발전, 확장시키는 존재다. 시간은 존재라는 드라마가 펼쳐지는 장소다. 인간은 시간 속에 있기에 존재의 의미를 갖는 것이다. 그렇기 때문에 인간은 시간을 자신의 것으로 만들기 위해 노력해야 한다. 드라마에 등장하는 배우들이 자신이 맡은 역할에 최선을 다해야 하는 것처럼. 시간을 이용하고, 활용해서 자신의 실존적 삶의 모습을 꾸준히 개척해나가야 하는 것은 인간에게 주어진 숙명이다. 인간은 누구나 스스로의 힘으로 바위를 끌어올리는 시시포스이자, 불로 세계를 밝혀 나가려 하는 프로메테우스이다.

　존재 그 자체를 고민하는 청춘은 드물다. 누구나 자신의 존재는 당연한 것으로 여긴다. 그러나 과연 그런가? 나의 존재는 걱정할 필요 없이 튼튼하고, 안녕한가? 나의 존재는 어느 날 갑자기 연기처럼 사라질 수도 있다. 카프카의 소설 『소송』의 K처럼 직장에서 내 책상이 느닷없이 치워지고, 사법당국에 의해 난데없이 내 신체가 구금되어 세상에서 나의 존재가 부정될 수도 있다. 모든 것은 소멸의 위험에 노출되어 있다. 모든 존재는 영속적이지 않고 우연적이다. 신이 아니고서는 누구도 이것을 피할 수 없다. 존재의 유有는 한순간에 무無로 돌아갈 수 있다. 하이데거의 『존재와 시간』은 청춘들에게 존재의 안녕이라는 근원적인 물음을 던진다. 인문학이란 세상과 나에 대한 물음이다. 하이데거의 물음도 그러한 물음 가운데 하나다. 우리는 이 물음에 어떻게 답할 것인가? 하이데거에 따르면 내 존재의 안녕을 담보하기 위해서 우리는 매순간 실존적 결단을 해야 한다. 타인의 의지와 강제, 관습이 아니라 나의 주체적 의지에 의해 결단해야 한다. 이것을 게을리하면 내 존재는 부지불식간에 위협받고 부정당할 수 있다. 연기처럼 사라질 수도 있다. 실존적 결단만이 존재의 지속을 보장받을 수 있는 유일한 방법이다. 나의 결단이 없으면 이 세계는 나의 세계가 아니라 무차별적으로 주어지는 수많은 존재자들의 세계이고, 타인도 인격적인 만남의 관계가 아니라 단지 '그들'로서 스쳐 지나가는 만남으로 이루어지는 관계 속에만 머무른다.

문제를 방치하지 마라

나의 존재는 끊임없이 문제에 노출된다. 주변 환경에 노출되고, 내 감정의 기복과 욕망에 노출된다. 이러한 문제는 신속하게 해결해야 한다. 미적거리고 방치하면 존재의 안녕은 보장받을 수 없다. 존재의 안녕을 위협하는 문제는 주로 비본래적인 것들이다. 인간의 욕망은 본래적인 것보다 비본래적인 것으로 몰고 가는 특성이 강하다. 시험을 앞두고 있는데도 달콤한 잠이 나를 유혹하고, 술이 나를 유혹한다. 이런 유혹에 굴복하면 튼튼한 내 존재의 기반은 무너진다. 미래의 꿈이 저 멀리 달아난다. 한참 잘 나가던 삼성 라이온즈의 주전 투수들을 파멸로 이끈 것은 신체적 결함이나 훈련의 과도함이 아니라 도박에 대한 욕망이었다. 운동이라는 본래적인 것이 아니라 도박이라는 비본래적인 것 때문에 그들은 스스로 존재의 안녕을 파괴하고 말았다. 문제가 생겼을 초기부터 적극적으로 문제를 해결했으면 존재의 안녕이 위협받는 지경까지 가는 일은 없었을 것이다. 미적거리고, 문제를 방치하는 사이에 존재의 기반을 허무는 요소들이 야금야금 그들의 마음을 파고들었다.

에덴동산에서 하느님은 아담에게 물음을 던진다. "아담아, 왜 네가 거기에 있느냐?" 선악과를 따먹고 제 자리에서 벗어난 아담에 대한 존재론적 물음이다. 일탈의 유혹이 있을 때 우리는 스스로에게 물어야 한다. '내가 왜 여기 있지?'라는 존재론적 물음으로 부단히 자신의 양심을 울릴 수 있어야 우리의 존재는 제 위치에서 벗어나지 않는다. 강의실에 있어야 할 시간에 침대에 있는 자신에게, 과제를 해야 할 시간에 술집에 있는 자신에게, 야구장에 있어야 할 시간에 카지노에 가 있는 자신에게 청춘은 끊임없이 물어야 한다. "청춘아, 왜 네가 거기에 있느냐?" 현존재로서 자신의 의미를 잃은 청춘에게는 허망한 가상과 망상만이 남는다. 되돌아보면서 후회를 해도 그때는 이미 늦다. 청춘에게 주어진 청춘의 시간은 유한하다. 실존적 결단은 바로 지금, 이 순간에 필요한 것이다. 하이데거는 말한다.

인간이 인간다울 수 있는 것은 현존재이기 때문이다. 현존재는 끊임없이 존재물음을 제기하는 존재자이다.

아라비아의 세월호

식민지 청년 윤동주는 죽는 날까지 하늘을 우러러 한 점 부끄럼이 없기를 잎새에 이는 바람에도 괴로워했다. 조셉 콘래드의 『로드 짐』은 명예에 관한 서시序詩다. 명예로운 삶을 위해, 현존재로서 자신에 관해 끊임없이 고뇌하는 삶이 어떤 것인지 청춘들에게 잘 보여준다. 로드 짐Lord Jim은 죽음으로 자신의 명예를 지켰다. 선박이 좌초 위기에 처했을 때 항해사로서 책임을 다하지 못했다는 자책감을 평생 간직하고 살다가 최후의 순간에 죽음을 선택함으로 죄를 깨끗이 씻었다.

조셉 콘래드의 『로드 짐』은 독특한 문체의 소설이다. 콘래드는 끈질긴 힘으로 짐의 심리 변화를 추적한다. 잠시만 긴장의 끈을 늦추어도 작품의 맥락을 좇아가기가 힘들어진다. 독자들에게 이렇게까지 높은 수준의 몰입도와 주의력을 요구하는 작품도 드물 것이다. 화자의 시점이 수시로 변하기 때문에 심리의 변화와 사건의 흐름을 일관되게 추적하는 것도 쉽지 않다. 그러나 푯대는 언제나 움직이지 않는다. 명예를 지키기 위한 젊은 선원의 치열한 존재론적 분투라는 콘셉트에서 단 한 치도 벗어나지 않는다. 결말도 명료하다. 짐이 죽는 지점에서 소설이 너저분해진다거나 애상에 빠지는 일도 없다. 매화와 난초의 향기만 짙게 풍긴다.

로드 짐은 말레이시아의 파투산 원주민들이 짐에게 붙여준 이름이다. 로드Lord는 주인, 선생, 지도자를 뜻하는 말레이시아 원주민들의 언어인 투안tuan을 영어로 옮긴 것이다. 파투산에 가기 전 짐은 파트나 호의 일등 항해사였다. 20대 초반의 영국 출신 마도로스다. 소설에는 젊은 시절 배를 탔던 콘래드 자신의 체험이 진하게 배어 있다.

짐은 투철한 신념을 지닌 강골이다. 목사인 아버지의 영향을 받아 신앙심이 깊고 영혼은 한없이 순수하고 맑다. 죽는 날까지 한 점 부끄럼

없기를 잎새에 이는 바람에도 괴로워하는 윤동주가 빙의된 것처럼 말이다. 콘래드는 짐을 이렇게 묘사한다.

> 치켜 뜬 눈초리는 공격해 오는 황소를 연상케 했으며, 태도는 일종의 끈질긴 자기주장을 나타내고 있었지만 공격적인 데는 전혀 없었다. 그 자기 주장은 하나의 필요인 듯했으며 다른 누구에 못지않게 자기 자신을 대상으로 한 것임이 분명했다. 뛰어난 체격에다 견실한 판단력을 갖추고 있었기 때문에 돛대 위에서도 아주 영리했다. 그는 신사다웠고 꿋꿋했으며 고분고분한가 하면 자기의 임무에 대한 완벽한 지식도 갖추고 있었다.

헌신적이고 정열적인 업무 스타일로 짐은 말레이시아 항구에서 가장 인기 있는 젊은 선원이었다. 선박 용품점에서 일을 할 때도 그는 선장들의 신임을 잃는 법이 없었다. 그러나 그도 결국 인간이었다.

짐이 승선했던 파트나 호는 낡은 배다. 마치 2014년, 전라남도 진도군 해상에서 비극을 맞이한 세월호가 낡았던 것처럼.

> 파트나 호는 강산만큼 오래된 현지의 기선이었는데, 그레이하운드 종의 개처럼 야윈 데다 못 쓰게 된 물탱크보다 더 녹슬고 부식된 상태였다.

독일 출신의 선장은 세월호의 선장만큼이나 무책임한 인물이다. 파트나 호는 말레이시아 항구에서 800명 안팎의 이슬람 순례자들을 태우고 아라비아 메카를 향해 떠난다. 배는 말레이 반도와 수마트라 섬 사이의 말라카 해협을 빠져나와 벵갈 만을 횡단한 후 저 멀리 홍해를 향해 항해를 계속한다. 초반의 항해는 지극히 순조롭다. 콘래드는 "날마다 밤이 축복처럼 배 위에 내렸다. 짐은 침묵하는 자연의 모습에서 읽을 수 있는 무한한 안전과 평화에 대한 커다란 확신에 젖어 있었다"고 항해를 묘사하고 있다. 그러나 아라비아 해를 지나 홍해 입구의 아덴 만에 접어들면서 배에 이상 신호가 감지된다. 2등 기관사가 선장에게 쿵쾅거리는 소음이 예사롭지 않다며 난파 가능성을 보고한다. "썩어빠진 고철 덩어리 증기 기관이 마치 갑판의 권양기처럼 덜커덕거리거나 쿵쾅거려요. 소음은 갈수록 심해져요. 이 배는 안전하지 않습니다."

그러나 선장은 보고를 무시한다. 오히려 기관사가 술에 취해 횡설수설한다며 나무랄 뿐이다. 그러나 상황이 점점 심각해지자 선장은 짐에게 엔진을 점검해보라고 한다. 단 선상에서 공황을 일으킬 수도 있으니까 아무에게도 알리지 말고 조용하게 처리하라고 명령한다. 짐도 그럴 필요가 있겠다고 생각하면서 혼자서 램프를 들고 수색에 나선다. 짐이 이물의 선창 출입구를 열자 물이 출렁이는 소리가 들린다. 램프를 아래로 내려서 비춰보니 선창에는 이미 반이 넘게 물이 차 있다. 짐은 직감적으로 배에 커다란 구멍이 났다고 생각한다. 짐은 바로 선장에게 보고를 한다. 옆에서 2등 기관사가 소리친다. "맙소사! 썩어빠진 칸막이벽은 이제 언제라도 허물어질 수 있을 거라고. 이 망할 놈의 배는 납덩이처럼 가라앉고 말거야." 선장은 2등 기관사를 바닥에 때려눕힌다. 그리고 빨리 가서 엔진을 중지시키라고 명령한다. 선장은 "망할 놈의 증기"라고 중얼대면서 우왕좌왕한다. 배가 점점 기울면서 난파 위험이 극에 달한다. 그러자 선장은 몇몇 선원들과 함께 구명보트를 타고 배를 탈출한다. 800명의 생명 따위는 안중에도 없었다. 짐은 망설인다. 순례자들을 깨워 한 명의 생명이라도 구해야 할 것인지, 아니면 집단적으로 편안하게 최후의 순간을 맞도록 그대로 둬야 할지 망설인다. 승객은 800명인데 구명정은 일곱 척밖에 없는 상황이다. 깨워봐야 아수라장이 될 게 뻔하다. 결국 짐은 후자를 선택한다. 그리고 자신도 구명보트로 뛰어내린다. 그 후 파트나 호는 프랑스 군함에 의해 구출되어 무사히 아덴 항구로 예인된다. 선체의 붕괴가 더 이상 진행되지 않은 것이다. 순례자들은 단 한 사람도 죽지 않는다. 선장과 짐은 자격증을 박탈당하는 정도의 가벼운 행정 처분만 받는다.

짐의 선택이 불가항력이었다고 해도 선원으로서 그의 행동은 비난받아 마땅하다. 결과적으로 짐은 선장과 똑같이 비겁했다. 콘래드는 브라이얼리라는 선장의 입을 통해 아라비아의 세월호 선장과 짐을 나무란다. "그러고도 자네는 선원으로 자처할 것인가? 최악의 문제는 자네들 모두가 존엄성이 무언지 모른다는 거야. 자네들은 마땅히 지켜야 할 본분을 충분히 중요시하지 않고 있어. 이건 명예를 더럽히는 짓이야. 우리는 어떠한 경우라도 선원으로서의 직업적 존엄성을 지켜야 해." 그러나 소설의 화자인 말로는 해양경찰 법정의 증인석에 앉아 있는 짐을 지켜보면서 그의 내면에 깊이 숨어 있는 양심의 그림자를 발견한다. "인간에게는 잘 알려지지 않은 나약함이 있지 않겠나? 그런 나약함으로부터 안전할 사람은 아무도 없단 말이야." 말로가 보기에 짐은 정직한 믿음과 본능적인 용기에 존재의 근거를 둔 사람이다. 그가 말하는 용기란 군대의 용기, 시민적 용기, 혹은 그 어떤 종류의 특별한 용기가 아니라 유혹과 정면으로 맞설 수 있는 타고난 용기를 말한다. 이지적이지는 못해도 허식이 없는 마음의 태세, 저항력 같은 것을 의미한다. 그것은 유혹적인 부패와 마주치면 본능적으로 맞서는 축복 받은 꼿꼿함이다. 그 후 말로는 끝까지 짐을 챙긴다. 그에게 일자리를 알선해주고, 신원 보증도 서준다.

짐은 굴욕감과 죄책감에 시달린다. 말로가 알선해준 일자리에서 잘 적응하다가도 파트나 호 이야기만 나오면 즉각 짐을 싸서 떠나버린다. 그는 철저한 아웃사이더다. 세상은 그에게 지옥이다. 그가 머물 곳은 단 한 곳도 없다. 입으로는 이 세상 어느 누구로부터도 도망가지 않겠다고 말하지만 무거운 영혼의 그림자가 끝까지 그를 괴롭힌다. 그때 자신의 몸을 바다에 던지지 못한 것을 두고 짐은 내내 후회한다. 마침내 말로는 짐을 스타인이라는 상인에게 부탁한다. 스타인은 짐을 말레이시아의 오지 파투산으로 보내 그의 사업을 관리하게 한다.

파투산은 여러 토착 세력이 적대적으로 대치하고 있는 곳이다. 그중에서 라자 알랑은 말레이 원주민들의 고혈을 쥐어짜는 악덕 지도자다. 도라민은 라자 알랑과 대립하는 부족장이다. 짐은 스타인의 소개장과 같은 반지를 징표로 제시하고 도라민이 지배하는 마을에 정착한다. 그곳에서 짐은 영혼의 안식을 누린다. 파트나 호의 기억으로부터 완벽하게 자유로워진 것이다. 짐은 마을의 여러 현안들을 해결한다. 원주민들은 짐을 '투안^{tuan} 짐'으로 부르면서 그를 따른다. 특히 도라민의 아들 다인 와리스는 짐을 절대적으로 신임한다. 짐의 경호를 담당하는 탐 이탐이라는 원주민은 짐의 심복이 된다. 짐은 도라민 마을의 사실상의 통치자다. 주민들은 통상 문제뿐만 아니라 가족 내에서의 자질구레한 송사까지도 짐에게 가져온다. 짐은 주얼이라는 여자와 사랑하는 사이가 되어 동거를 하게 된다. 그러나 짐에게는 '로드 짐'으로서의 운명이 기다리고 있다.

어느 날 파투산에 브라운이라는 자가 이끄는 해적 일당이 들이닥친다. 브라운은 식량을 구하러 들어왔다가 욕심이 생겨 파투산을 침탈한다. 그러나 지리에 어두운 브라운은 고립되어 독에 든 쥐 신세가 된다. 그들은 파리 목숨이다. 이때 짐이 도라민과 다인 와리스의 양해를 구해 브라운 일당을 자진 철수케 한다. 브라운이 철수하는 과정에서 어떤 불상사가 일어나면 자신이 책임지겠다는 조건이다. 파투산에서 벗어나던 브라운은 마음을 바꿔 기습 공격에 나선다. 교전 중에 다인 와리스가 숨진다. 도라민은 분노한다. 원주민들도 들끓는다. 짐은 제 발로 도라민을 찾아 나선다. 주얼은 가지 말라고 한사코 만류한다. 짐은 말한다. "나를 용서하시오. 나는 함께 살 만한 자격이 없는 사람이오." 도라민은 총으로 짐의 가슴을 쏜다. 땅 바닥에 쓰러지는 순간까지도 짐은 양옆에 서있는 원주민들에게 자랑스럽고 굽힘 없는 눈길을 보낸다. 잎새에 이는 바람에도 괴로워하는 윤동주의 눈길이다. 명예에 대한 서시序詩는 이렇게 완성된다.

자네는 자유일세, 결단하게

"누구도 선택을 대신해줄 수 없다."

사람은 식물이나 동물보다 존재론적으로 우위에 있을까? 그렇지 않다. 그 이유는 뭘까? 식물이나 동물은 스스로 존재하는 자립적 존재이지만 사람은 어떤 대상에 대한 의식을 통해서만 존재하는 비자립적 존재이기 때문이다. 현상학의 후대 중 하나인, 실존주의를 주창한 철학자 장 폴 사르트르Jean Paul Sartre는 그의 주저 『존재와 무』에서 외부의 도움 없이 그냥 존재하는 식물이나 동물을 즉자적 존재라 부르고, 무엇인가에 기대어 존재하는 사람을 대자적 존재라고 부른다. 그렇다고 대자적 존재인 사람이 즉자적 존재인 식물이나 동물보다 하등의 개체라는 말은 아니다. 오히려 거꾸로다. 대자적 존재인 인간은 자신의 과거를 기억하고, 미래를 상상하면서 거기에 대한 물음을 던질 수 있지만 즉자적 존재인 식물이나 동물은 그럴 수가 없다. 인간만이 역사와 문명을 창조할 수 있다.

갈림길에 선 청춘

제2차 세계 대전의 와중에서 제자 하나가 사르트르를 찾아왔다. 제자는 자신이 자유 프랑스군에 가담하여 나치와 싸울 것인지, 아니면 전쟁을 피해 영국으로 망명할 것인지 망설여진다며 사르트르의 조언을 구했다. 사르트르는 이렇게 말했다.

"자네는 자유일세. 선택하게. 다시 말해 자네 자신을 창조하게."

청춘은 끝없는 선택의 갈림길에 선다. 키르케고르에게서 볼 수 있듯이 선택의 가능성이 무한하기 때문에 청춘은 늘 불안하다. 그러나 그 불안을 극복할 수 있는 것은 자신의 결단이다. 미래를 결단하고, 새로운 삶을 창조하는 것은 청춘 스스로의 몫이다. 사르트르에게서 조언을 구한 제자처럼 나도 세상으로부터 충고와 도움을 구할 수는 있지만 마지막 선택은 내가 직접 해야 한다. 누구도 그것을 대신해줄 수 없다. 세상의 중심은 나다. 내가 있음으로써 세상도 타인도 존재하고, 그들과의 거리, 방향도 정해진다. 사르트르는 이러한 인간의 속성을 '세계-내-존재'라고 표현한다. 청춘은 세계 내 존재다. 그 세계의 주인은 청춘 자신이다. 내 손에 쥔 각도기와 자, 저울로 세상을 재단하고, 정립시키고, 분해하고, 조립해보자. 그것이 인문학강좌 시간에 늘 강조하는 창조적 청춘, 주체적 청춘으로 거듭나는 가장 좋은 방법이다.

일신우일신日新又日新

사르트르의 논점에 따르면 의식은 고정되어 있지 않다. 일신우일신日新又日新이라는 고사성어처럼 의식은 끝없이 자신의 모습을 변화시키면서 새로운 가치를 창조하려는 속성을 지니고 있다. 의식이 고정되면 어떻게 될까? 텅 빈 공간이라는 자신의 고유한 본성을 잃어버리고 속이 꽉 차서 더 이상 아무 것도 수용할 수 없는 베어링과 같은 즉자적 존재로 전락하고 만다. 이렇게 되면 의식은 자신을 되돌아보지 못하게 되며, 이러한 의식이 지배하는 존재에게는 더 이상의 발전 가능성도 미래도 없어진다.

사르트르는 이러한 인간들은 존재의 본질인 자유로움보다는 돈과 권력, 명예와 같은 즉자적 가치만 추구한다고 비난한다. 사르트르는 한때 절친한 학문적 동지였던 카뮈나 메를로퐁티와 갈라섰다. 표면적인 이유는 정치적 노선 차이에 있었다. 진보주의자였던 사르트르는 시간이 흐를수록 보수적 색채를 강하게 띠어가던 카뮈를 못마땅하게 여겼다. 그리고 한때 열렬한 사회주의자였다가 자유주의자로 돌아선 메를로퐁티에게도 거부감을 가졌다. 하지만 사르트르가 이들과 척을 진 근원적 이유는 세속적 욕심보다는 정신의 자유로움을 추구하는 사르트르 자신의 철학에 있었다.

비워야 자유로워진다

사르트르의 생각은 방법론적으로 볼 때 무無로 귀결되고, 내용적으로 보면 자유로 귀결된다. 둘은 사실상 같은 개념이다. 사르트르가 말하는 무는 말 그대로 아무것도 없는 텅 빈 상태다. 빈 그릇, 빈 병, 빈 방을 생각하면 무의 개념을 쉽게 이해할 수 있다. 빈 그릇에는 밥이 하나도 없고, 빈 병에는 물이 하나도 없고, 빈 방에는 사람이 아무도 없다. 모두가 텅비어 있다. 비어 있기 때문에 무는 모든 것을 받아들일 수 있으며, 그래서 창조의 원천이기도 하다. 무촌無寸인 부부사이에서 자식들이 태어나는 원리와 같다.

사르트르는 사람의 의식도 이와 같은 상태라고 말한다. 즉, 사람의 의식은 무, 그 자체다. 아무것으로도 채워져 있지 않은 텅 빈 공간이다. 사르트르의 표현을 그대로 옮기면 "의식에는 내부가 없다." 이러한 속성 때문에 의식은 그 자체로서는 결코 존재할 수 없다. 외부의 어떤 객체가 주어질 때 그것을 지향하면서 의식은 비로소 자신의 존재를 드러낸다.

사람의 의식은 무의 상태이기 때문에 아무것에도 얽매여 있지 않다. 의식은 외부의 강제에 의해서가 아니라 스스로의 힘으로 외부 세계를 지향하고, 절단하고, 조정하고, 정립시킨다. 따라서 의식은 무한히 자유롭다. 사르트르가 오늘날 자유로운 지식인의 대명사로 여겨지는 것은 그의 이러한 사상적 특징과 관련 있다. 사르트르는 노벨상 수상을 거부하기도 했다. 이 또한 끝까지 자유로운 지식인으로 남고 싶다는 사르트르의 자기 선언에 다름 아니다.

오늘날의 청춘은 스펙 쌓기에 여념이 없다. 스펙의 종류도 갈수록 늘어난다. 3종 세트에서 5종 세트로, 5종 세트에서 다시 7종 세트로 늘어난다. 스펙이 자신들을 지켜줄 것이라고 믿기 때문이다. 그러나 스펙은 결코 청춘을 지켜주지 못한다. 사르트르의 말처럼 비워야 비로소 자유로움을 얻는다. 고은 시인도 말하지 않았던가? "넓은 바다에서 나는 노를 놓쳤네. 비로소 나는 망망대해를 바라보았네." 노를 버리고, 스펙에 대한 의존심을 버려야 넓은 세상이 바로 보인다.

구토를 멈추게 하는 묘약

『구토』는 사르트르의 『존재와 무』를 소설로 옮긴 것이다. 출간 순으로 볼 때 전자가 후자보다 먼저 나왔기 때문에 옮겼다는 표현에는 어폐가 있다. 사르트르의 사상을 집대성한 『존재와 무』를 소설로 표현한 것과 다를 바 없다는 말이다. 두 책은 일란성 쌍둥이처럼 닮았다.

『구토』에서 주인공 로캉탱은 끊임없이 구토증상에 시달린다. 그의 구토를 유발시키는 것은 존재의 불안함이다. 역사를 연구하는 로캉탱에게 세상의 모든 것들은 우연성과 가능성으로 존재한다. 무슨 일이든 일어날 수 있는 세상이다. 애인과의 이별, 단골로 드나드는 카페 주인의 죽음, 도시에서의 계급적 폭동 등 모든 일들이 일어날 수 있다. 거기에는 특별한 필연성이 없다. 그저 우연히 발생할 가능성으로서 존재한다. 로캉탱의 존재론적 지위는 그래서 늘 불안하다. 바다에서 출렁이는 배처럼 세상은 불안하고, 멀미를 일으킨다. 구토가 난다.

로캉탱의 구토를 멈추게 하는 것은 결단, 선택, 행동이다. 음계와 화성에 의해 레코드판에서 필연적으로 흘러나오는 음악처럼 세상이 나의 의지, 결단, 행동에 의해 존재론적 질서를 회복할 때 구토는 비로소 멎는다. 『구토』의 이 대목에서 우리는 지식인들의 사회 참여를 강조하는 사르트르의 소설적 기획과 의도, 그리고 생각을 읽을 수 있다. 사르트르는 늘 세상과 맞서 싸웠다. 참여를 위해 그는 공간적 한계마저도 뛰어 넘었다. 나치 치하에서는 히틀러에 맞선 레지스탕스가 되어 싸웠고, 조국 프랑스의 식민지였던 알제리의 해방을 위해 은밀하게 자금을 지원하기도 했다. 독립을 위한 알제리의 투쟁을 테러라고 비난하는 프랑스 지식인들을 향해 '사이비 지식인'이라고 쏘아붙였다. 사르트르에게 행동하지 않는 지성은 죽은 지성이었다.

세상의 구토가 아니라 나의 구토를 멈추게 할 수 있는 사람은 결국 나다. 결단의 순간은 나 혼자 맞고, 나 혼자 실행한다. 고독하고 불안하지만 그것은 어쩔 수 없이 인간에게 주어진 숙명적 조건이다. 『구토』에서 사르트르는 이렇게 말한다.

어떤 것을 이해하고 결단하려고 할 때 사람은 오직 혼자서 그것과 마주한다. 세상은 그에게 아무런 도움도 주지 않는다.

로캉탱은 어느 날 공원에서 마로니에 나무를 보면서 그동안 자신을 괴롭혔던 구토의 본질적 원인이 무엇인지 깨닫는다. 그것은 다름 아닌 바로 자신이었다. "나는 지금 구토를 참고 있는 것이 아니다. 그것은 이미 병도 아니고 일시적인 발작도 아니다. 바로 나 자신인 것이다." 내가 흔들리면 세상도 흔들린다. 존재의 불안은 외부에서 오는 것이 아니라 내부에서 오는 것이다.

나는 잉여다

사르트르에 의하면 세상의 모든 사람은 서로에게 잉여다. 나는 너에게, 너는 나에게 잉여다. 사물과 사람의 관계도 마찬가지다. 사람은 잉여라는 관념으로 타인과 사물을 배치하고 재단한다. 잉여란 존재의 본질에서 삐져나와 있는 존재의 비본질적인 양태다. 무지개에서 눈에 띄는 색깔 일곱 가지 이외의 수십 만 가지 색깔처럼 잉여는 관계 속에서 무수히 많이 존재한다. 이러한 잉여 관계는 세상을 부조리하게 만드는 근본 요인이다. 잉여는 일방적으로 삭제delete되지 않는다. 삭제해도 흔적이 남는 것처럼 잉여는 그 자취를 남긴다. 죽음도 잉여를 해소하지 못한다. 서로를 객관화시키지 않고 자유로운 존재로 인정할 때 이러한 잉여는 비로소 해소된다. 잉여와 부조리의 해소는 그래서 일방적이 아니고 상호적인 소통을 통해서만 가능하다.

로캉탱은 자신의 존재를 괴롭히던 구토의 본질을 깨달은 후 역사 연구를 위해 머무르던 부빌을 떠나 파리로 간다. 그에게 이제 역사는 아무런 의미를 주지 못한다. 그렇지만 글쓰기를 멈출 수는 없다. 글을 쓰는 동안에는 최소한 구토가 유예되는 것을 로캉탱은 경험으로 알고 있다. 인간은 생각하기 때문에 존재하는 것이 아니라 쓰기 때문에 존재한다. 역사가 아니면 무엇을 쓸까? 소설이다. 로캉탱은, 아니 사르트르는 존재의 미학적 가치를 추구하기 위해서 소설을 쓰기로 마음먹는다.

나는 계속 써야 한다. 그러나 역사책은 아니다. 왜냐하면 역사는 존재했던 것에 관해서 이야기하기 때문이다. 존재자는 결코 다른 존재자의 존재를 정당화시킬 수 없다. 다른 책이 되어야 한다. 인쇄된 말들의 이면, 페이지들의 이면에 존재하지 않아도 존재의 바로 위에 있을 그런 것이 되어야 한다. 예컨대 어떤 이야기, 일어날 수 없는 어떤 모험적 순간 같은 것, 그것은 강철처럼 아름답고 단단해야 하며, 사람들이 자신의 존재를 부끄럽게 생각하도록 만들어야 한다.

사르트르의 글을 읽은 모든 사람들이 그의 바람대로 자신의 존재를 부끄럽게 생각할지는 모르겠다. 그러나 최소한 삶을 가치 있게 설계하고자 하는 청춘이라면 사르트르가 이야기하는 구토와 존재, 말의 의미를 한번쯤 곱씹어볼 필요가 있다.

내가 보는 세상과 내게 보이는 세상

"삶에는 일방통행이 없다."

영화 촬영 세트장. 감독의 큐 사인이 떨어지자 남녀 주연 배우가 덕수궁 돌담길을 따라 천천히 걷는다. 둘의 표정은 심각하다. 대화에는 이별이 예고되고 있다. 담벼락을 따라가면서 설치된 레일 위에서는 카메라가 쉬지 않고 돌아간다. 배우들이 걷는 방향을 따라서 카메라도 부지런히 움직인다. 카메라에 담기는 것은 주연 배우들의 걸음걸이와 얼굴 표정, 대화만이 아니다. 덕수궁 돌담길도 담기고, 길에 떨어진 낙엽, 주변을 지나는 사람들도 함께 담긴다.

세트장의 이러한 장면을 현상학에 적용하면 이렇게 된다. 배우는 객관적 세상이고, 카메라는 의식이다. 카메라는 배우를 지향한다. 배우들의 동작이나 대화, 표정은 카메라 렌즈에 포착(현상)되는 순간 비로소 의미를 지닌다. 배우들의 연기(세계)는 세트장을 형성하는 주변 환경들과 함께 카메라에 담겨 전체적인 통일성을 얻는다. 사랑하는 두 연인의 이별을 주제로 하는 한 편의 영화(현상학적 인식)가 완성된다.

현상학은 배우보다는 카메라에 초점을 맞춘다. 감각기관을 통해 경험으로 주어지는 세상을 객관적으로 설명하거나 분석하기보다는 있는 그대로의 세상을 촬영 주체(인식 주체)인 카메라에 고스란히 담고자 하는 것이 현상학의 특징적인 방법론이다.

후설은 『현상학적 심리학』이라는 책에서 주사위의 비유를 자주 든다. 3이라는 숫자가 전면으로 보이는 주사위 앞에서는 그 뒷면에 있는 4가 보이지 않는다. 좌, 우, 상, 하에 있는 다른 숫자도 마찬가지다. 보이더라도 비스듬하게, 희미하게 보일 뿐이다. 자연과학은 오직 3이라는 숫자에만 관심을 가진다. 시각에서 벗어나 있는 다른 숫자들은 자연과학의 관심사가 아니다. 그러나 인간의 이성은 다르다. 3뿐만 아니라 주사위를 구성하는 모든 숫자를 입체적으로 통일적으로 인식한다. 이런 지각을 통해 의식은 주사위에 관한 명증한 진리를 획득한다.

물체가 드러나는 방식 그 자체를 곧이곧대로 받아들이면 세상의 진리를 파악할 수 없다. 보이는 것만 보면 세상이 나를 업신여기기 십상이다. 이런 나는 백화점에서는 호갱이 되고, 직장에서는 존재감 없는 그저 그런 직원이 된다. 배후를 응시하고, 이면을 숙고하고, 그림자를 투시하는 능력을 길러야 세상이 나를 만만하게 보지 않는다.

나는 너를 지향한다

수학, 물리학, 기하학과 같은 순수 자연과학은 세상의 이치를 기가 막히게 잘 설명한다. 사칙연산과 중력의 법칙, 피타고라스의 정리는 기계처럼 아귀가 착착 들어맞는다. 그러나 시간이 지나면서 자연과학은 지나친 추상화로 인간의 실질적인 삶과는 거리가 멀어졌다. 우린 누군가를 볼 때 그 사람을 몇 가지 유전자의 배열이나 염색체의 혼합으로 보지 않는다. 그러나 추상화된 자연과학적 시선으로만 보면 인간은 그런 존재 이상이 아니다. 삶을 풍부하게 해주어야 할 학문이 오히려 메마르게 만들었다. 본말의 전도다. 현상학은 삶과 학문의 본말전도라는 위기를 극복하기 위해 고안된 철학적 방법론이다.

자연과학은 덕수궁 돌담길을 걷는 두 배우의 걸음걸이와 팔 동작, 그들이 밟고 지나가는 낙엽에만 관심을 가질 뿐, 그들의 얼굴 표정이나 대화에서 예감되는 이별의 의미를 읽으려고 하지는 않는다. 철학이 없는 세상, 인문학이 제거된 세상은 무미건조하다. 생활세계에 내 마음을 실을 때 비로소 내 삶은 윤택해진다. 그러할 때 카메라의 필름은 한 편의 영화로 탄생한다. 현상학적으로 세상을 바라보는 것은 잃어버린 사막의 오아시스를 찾는 작업이다.

덕수궁 돌담길을 걷는 주연 배우들은 이별을 준비하고 있다. 그들의 마음이 서로에게서 멀어졌기 때문이다. 서로를 향하던 마음은 다른 곳으로 그 지향성이 바뀌었다. 지향이 바뀌면 관계도 바뀌고, 생활세계의 모습도 바뀐다. 지향성은 후설의 현상학을 설명하는 핵심 개념이다. 자연적 객체는 그 자체로서는 아무런 의미가 없다. 주관적인 나의 의식이 다가갈 때 비로소 의미를 획득한다. 객체는 내 의식의 프리즘에 맞추어 나에게 현상된다. 이처럼 나의 의식은 늘 무언가를 향해 있다. 그러나 이 지향성은 상호적이다. 주관이 객관을 지향하듯이 객관도 주관을 지향한다.

후설이 말하는 의식의 지향성은 짝사랑이 아니라 주고받는 사랑이다. 세상은 이처럼 늘 상호 지향적이다. 삶에는 일방통행이 없다. 오는 길이 있으면 가는 길이 존재한다. 나는 너를 지향하고, 너는 나를 지향한다. 너와 나, 세상과 나는 지향성이라는 끈으로 연결되어 있다. 현상학은 상이한 형태로 등장하는 모든 주관적인 것이 어떻게 함께 하나의 전체를 이루는지를 탐구하는 학문이다. 현상학에 의하면 공동체는 상호 지향성을 기반으로 존립하며, 이것이 무너지면 공동체는 전체주의로 치닫는다.

의식은 폭포처럼 흐른다

그리스 시대의 철학자인 헤라클레이토스는 "만물은 유전한다"고 말했다. 동양 사상의 근간을 이루는 주역周易에서도 만물을 변화와 생성의 관점에서 파악한다. 후설도 이러한 입장에 선다. 주관적 의식에 현상되는 만물은 고정되어 있는 것이 아니라 시시각각으로 변한다는 것이 후설의 생각이다. 그렇다고 본질이 변하는 것은 아니다. 눈에 비치는 것만 변한다.

후설은 이러한 변화를 폭포에 비유한다. 폭포수의 물은 위에서 밑으로 자유낙하를 하면서 끊임없이 새로운 물을 만들어낸다. 물은 무한히 새롭게 창조되고, 변전된다. 그렇지만 폭포라는 본질에는 변함이 없다. 인간의 마음속을 흐르고 있는 의식도 이런 폭포와 같다. 어떤 객체를 바라본다고 할 때 의식은 고정되어 있지 않고 끊임없이 흐른다. 현상학은 이 흐름을 하나의 통일된 관점에서 꿰뚫어본다. 이때 동원되는 이성은 기성적 관념(학문, 역사, 문화, 언어, 신앙 등)에서 자유롭고 독립적인 선험적 자아이며, 투명하고 깨끗한 이 자아가 의식의 흐름과 세상을 전후좌우상하로 낱낱이 살핀다. 그리하여 명증한 진리에 도달한다. 이러한 선험적 자아를 획득하기 위해 의식이 자신을 되돌아보는 것을 후설은 현상학적 환원이라 명명했다고 앞서 설명했다.

하루에 열두 번도 넘게 변하는 내 마음을 제대로 바라보기 위해서는 현상학적 환원에 익숙해져야 한다. 타인의 마음을 읽을 때도, 세상을 읽을 때도 그러한 자세가 필요하다. 늘 그저 그런 평범한 생각으로는 내 마음과 타인의 마음, 세상의 마음을 제대로 읽을 수 없다. 단선적으로 고정된 시선을 가지고는 세상을 이길 수 없고 삶의 성공을 꿈꾸기 어렵다. 돌려보고, 뚫어보고, 까뒤집어보아야 그러한 목표에 도달할 수 있다. 흐름은 새로운 문명을 만들어내지만 고정관념은 문명을 정체시키고, 퇴보시키고, 소멸시킨다. 인간과 신의 소통이라는 상호적 흐름을 지향한 그리스 문명은 세계 문명으로 발전했지만 인간과 신의 소통을 부정하는 고정관념에 집착한 이집트 문명은 역사에서 자취를 감췄다. 사람의 삶에도 같은 법칙이 적용된다.

방법이 본질을 바꾼다

영화의 남녀가 이별을 결심한 데는 그들의 연애방식이 미숙했을 가능성이 크다. 그들은 서로의 마음을 헤아리는 방법을 제대로 알지 못하고 있다. 그래서 늘 삐거덕 거리다가 결국은 덕수궁 돌담길을 걸으면서 헤어지기로 결심한다. 사랑을 지속적인 것으로 만들기 위해 그들에게 대단한 방법이 필요한 게 아닐 수 있다. 자그마한 방법의 변화만으로도 오해를 풀 수 있고, 사랑을 지속시킬 수 있다.

철학의 철학이라고 불리는 현상학도 마찬가지다. 현상학은 이제까지 존재하지 않던 대단한 것을 발명해낸 학문이 아니다. 그저 약간의 색다른 방법론을 찾아냈을 뿐이다. 그렇지만 그 사소한 것이 끼친 영향은 측량할 수 없을 정도로 깊고 넓다.

데카르트는 『방법서설』로 근대철학의 문을 열었고, 칸트는 비판철학을 통해 근대철학의 기반을 마련했다. 후설은 현상학으로 20세기 현대철학의 막을 올렸다. 후설은 말한다. "약간의 외관상 변형이 새로운 역사를 만들고, 새로운 학문을 만든다." 내 인생의 뼈대를 바꾸고 싶으면 먼저 생활의 방법과 생각의 방법부터 바꾸어보자. 그것이 꼭 거창한 것일 필요는 없다. 사소한 것이라도 상관없다. 나의 성적이 바뀌고, 교우 관계가 바뀌고, 이별은 새로운 만남이 되어 다시 돌아올 것이다.

눈앞의 세상에 괄호를 쳐라

생각을 바꾸는 좋은 방법은 뭘까? 후설이 제시하는 것은 괄호치기다. 나의 판단, 나의 추측, 나의 의견, 나의 짐작 등 기존의 모든 것에 괄호를 친 후 찬찬히 다시 뜯어본다. 괄호를 친다는 것은 이것들에 대한 기성적 관념을 중단하는 것이다. 현상학에서 말하는 괄호치기는 진리로 간주되는 객관적 사실들에 대한 판단을 중지하는 것이다.

'중지'가 생각을 즉각적으로 유폐하거나 폐기함을 의미하지는 않는다. 찬찬히 뜯어본 후 명증적인 진리라는 인식이 들 때까지 잠시 판단을 유보하는 것이다. 나를 서운하게 했던 그 사람의 말 한마디에 토라져서 오늘 만나 이별을 통보할 요량이라면, 그 통보를 잠시만 유보해보자. 그리고 주사위의 육면처럼 전후좌우상하를 두루두루 살펴보자. 그동안 눈에 보이지 않았던 것들이 나에게 '현상'된다. 그때 나에게 나타나는 세상은 이전의 세상과는 다른 세상이다. 프레임이 바뀌고, 문법이 바뀐다. 이별통보를 거두어들이고, 그와 나는 새로운 사랑을 이어간다. 영화의 결말이 바뀐다. 내 인생의 결말이 바뀐다.

내 인생의 매트릭스

"언어가 없으면 세상은 없다."

주말 오후, 친구들과 모임이 있다며 집을 나서는 아내에게 나는 "갔다 올게"라고 말한다. "갔다 와"라고 해야 하는데 말이 헛나온 것이다. 내 입이 돌아간 것일까? 아니다. 내 신체에는 아무런 이상이 없다. 그런데 왜 그런 말이 튀어나왔을까? 나는 지방에 일이 있어 사흘간 집을 비울 참이다. 아내가 돌아오기 전에 출발해야 하기 때문에 사흘 동안 아내를 볼 수 없다. 나의 지방 출장 계획은 어제 결정된 것이다. 그래서 미리 인사를 건네고 싶다는 생각이 무의식 속에 자리 잡아버렸다. 따라서 "갔다 올게"라는 말은 집을 나서는 아내에게는 적절치 못한 인사말이 되었지만 내 솔직한 속마음이 표출된 것이다. 무의식 속에 똬리를 틀고 있던 진리가 의식을 뚫고 나와 자신을 드러낸 셈이다.

말실수, 헛 나온 말은 일종의 광기다. 상황에 맞지 않는 인사말을 건네는 나를 보고 아이들은 속으로 '아빠, 살짝 돌은 것 아니야?'라고 생각할 수 있을 것이다. 그러나 뒤틀린 인사말에 내 진심이 담겨 있었듯이 겉보기의 광기 속에는 조리가 있다. 말을 방해하는 배후들 속에는 전적으로 식별 가능한 논리가 있다. 이것이 정신분석의 출발점이다. 정신 분석가들은 광기 속에 들어 있는 논리를 찾는 일에 집중한다.

흔히 구조주의자*로 알려진 자크 라캉Jacques Lacan은 무의식이 말이나 담화의 형태로 나타나는 과정을 정밀하게 살피고 있는 현상학자다. 라캉에 와서 현상학은 심리학을 넘어 정신분석의 영역으로 방법론의 궤적을 한 차원 더 넓힌다. 라캉은 후설의 현상학과 프로이트의 정신분석학을 매우 영리하게 결합시켰다. 라캉은 나에게 낯선 것으로 보이는 어떤 담화나 말이 결국 나의 입을 통해 세상에 드러나는, 현상되는, 원리를 캔다. 아내에게 잘못된 인사를 건넬 때 라캉이 옆에 있었다면 그는 나의 입이 아니라 거실 한쪽에 있는 두툼한 내 여행 가방에 주목했을 것이다. 그리고 왜 나의 입에서 인사말이 뒤틀려 나왔는지 금방 눈치 챌 것이다.

나는 욕망 당한다

우리는 어머니의 뱃속에서 나와 세상이라는 그물 속으로 던져진다. 세상이라는 그물은 언어라는 주재료로 직조된 우주이다. 이 우주는 우리

---

* 구조주의는 20세기 중반에 등장한 학문적 흐름이다. 인간의 근본정신이나 존립 근거 등등에 언어적, 사회적, 문화적인 구조의 영향을 받고, 구조에 의해 인간 근거, 그리고 문화와 사회의 의미가 생산된다고 보는 학문적 관점이다.

가 세상에 태어나기 전부터 존재해온 것이다. 내 의지와는 아무런 상관 없이 나에게 주어지는 것이다. 우리는 그 속으로 던져진다. 부모들이 사용하는 언어, 그들이 즐겨먹는 음식, 그들이 책을 읽고 음악을 듣고 잠을 자는 서재와 거실, 침실, 그리고 그 공간을 점유하고 있는 책상과 소파, 침대, 이런 부모들의 질서 속에 우리는 던져진다. 부모들의 질서는 언어에 의해 구조화되어 있다. 언어가 없으면 세상은 없다. 라캉의 은유적 표현을 직접 빌리면 "우리는 부모의 언어적 우주 안에 미리 확립되어 있는 장소에 태어난다."

모국어라고 표현되는 그 언어에는 어머니의 욕망이 담겨 있다. 나는 어머니의 언어로 내 욕망을 표현하도록 강제된다. 나의 욕망은 내가 어머니로부터 배우는 언어의 거푸집 속에서 만들어진다. 나는 추워서 우는데 어머니가 나에게 젖을 주는 순간 내 욕망은 새롭게 주조된다. 어머니의 욕망에 의해 내 원초적인 욕망은 억압되고, 순치되고, 삭제된다. 이 거푸집이 바로 라캉 철학의 중심 개념인 언어로서의 타자다. 언어적 타자는 불손하고 부적절하게 욕망을 변형시키는 음험한 침입자이다. 루소는 언어가 인간을 타락시키기 이전의 원시적 삶이 갖는 미덕을 찬양했다. 루소에게 언어는 악의 원천이다.

이처럼 인간의 원초적 욕망은 어머니가 쓰는 언어(모어, mother tongue)에 의해 갇힌다. 모어는 타자의 말이고, 어머니-타자의 말이다. 라캉은 어머니와 타자를 등치시킨다. 우리는 자라면서 어머니로부터 배운 언어가 내 자신의 것이라고 믿는다. 그러나 라캉에 의하면 모국어는 내 욕망을 탈취하는 강도이자, 나의 자아를 나로부터 분리시키고 소외시키는 불청객이다. 그러나 이 모국어는 이중적이다. 내 욕망을 탈취하는 강도이면서, 한편으로는 내 욕망을 해방시키는 혁명가이기도 하다. "갔다 와"를 대체한 "갔다 올게"는 나의 현실적 욕망(아내에게 따뜻한 인사말을 건네고 싶은 마음)을 뒤틀면서 잠재적 욕망(사흘 동안 아내를 보지 못하는 서운한 마음)을 드러낸다.

라캉에 의하면 나는 나에게 가장 익숙한 존재가 아니라 가장 낯선 존재다. 그러나 대부분의 사람들은 이것을 거꾸로 생각한다. 자신을 가장 잘 아는 사람은 바로 자신이라고 철썩 같이 믿는다. 허구한 날 술에 찌들어 집에 들어오는 남편을 보고 아내가 "그러다가 몸이 망가진다"고 잔소리를 하면 남편은 "내 몸은 내가 가장 잘 안다"고 말한다. 그러다가 건강검진에서 이상이 발견되면 그때서야 후회한다.

진로를 탐색할 때도 마찬가지다. 내가 생각하는 내 적성은 의외로 다른 쪽에 있는 경우가 많다. 나는 문과 쪽에 적성이 맞는다고 믿고 있지만 진로 상담 교사는 이과를 권유한다. 눈에 쉽게 띄는 나의 신체나 적성마저도 내가 잘 알지 못하는데 하물며 내 마음 깊은 곳을 어떻게 헤아리겠는가? 라캉은 우리 자신보다 타인이 우리를 훨씬 더 잘 알고 있을 수 있다고 말한다. "자아는 타자다. 우리가 우리 자신의 가장 내밀한 부분에 대해 알고 있다고 생각하는 것은 사실 다른 사람들에 대한 가장 거친 상상만큼이나 선로에서 벗어나 있을 수 있다." 정치사회도 익숙함과 낯섦의 관점에서 볼 때 이러한 원리를 닮아 있다. 권력자는 자신의 행위를 절대적으로 확신하지만 사실은 가까운 곳에서 조직의 생태계가 썩어가고 있다는 사실을 인지하지 못하는 경우가 허다하다.

백만 대군을 이끌고 그리스 원정길에 오른 절대 권력자 크세르크세스는 "나는 관대하다"고 외친다. 그는 진짜 관대한 것일까? 그렇지 않다. "나는 어떤 유형의 사람"이라고 하는 자아의 자기규정은 진술하는 주체가 동일시하는 특정한 이미지나 환상에 지나지 않는다. 이것은 참된 실존과는 거리가 멀다. 자아에 의해 언표되는 순간 그것은 주체로서의 자격을 상실한다. 라캉은 이런 허상적 자아를 빗금 쳐진 자아(슬래쉬s)라고 명명한다.

이런 관점에서 라캉은 데카르트의 코기토를 통렬하게 비판한다. 데카르트는 "나는 생각한다, 고로 존재한다 cogito ergo sum"고 말했다. 이 세상의 존재를 모두 의심해도, 지금 이 자리에서 끊임없이 생각하고 의심하고 있는 나 자신의 존재는 부정할 수 없다는 의미로 한 말이다. 이를 줄여 코기토 cogito라고 한다.

라캉에 의하면 "나는 생각한다"고 할 때의 그 "나"는 일차원적 자아다. 이 자아는 자기 자신의 사고의 주인인 것으로 여겨지며 그 사고가 외적 현실에 조응하는 것으로 믿어지는 구성된 자아에 지나지 않는다. 그와 같은 일차원적 자아는 스스로를 자기 자신의 관념의 저자라고 믿으며 그리하여 "나는 생각한다."라고 긍정함에 있어 아무런 주저함도 보이지 않는다. 라캉은 이 자아를 거짓된 존재라고 부른다. 라캉에 의하면 이러한 거짓된 존재는 분석자(환자)가 분석가(의사)에게 다음과 같이 말할 때마다 등장한다. "나는 독립적이고 자유롭게 사고하는 인간입니다.""내가 그 일을 한 것은 그것이 관대한 행동이기 때문입니다. 나는 언제나 공정하고 관대해지려고 노력합니다." 고정된 자아는 이러한 진술들 속에서 정립되며, 그런 가운데 무의식은 거부된다. 이와 같은 분석자(환자)는 분석가(의사)에게 이렇게 말하는 것과 같다. "나는 당신에게 나 자신에 관한 모든 것을 말할 수 있습니다. 왜냐하면 나는 알기 때문이지요. 나는 내가 서 있는 곳을 압니다." 라캉에 의하면 이러한 자아의 사고는 의식적 합리화에 지나지 않는다. 즉 이상적 자기 이미지에 부합하는 사후적 설명을 꾸며내어 실수와 비의도적 발언들을 합리화하려는 시도에 지나지 않는다.

지난여름 네가 한 일

"갔다 와"라는 인사말과 "갔다 올게"는 뒤의 단어만 바꿔놓은 일종의 애너그램(anagram, 어구전철, 語句轉綴)이다. 라캉은 무의식이 언어를 통해 발화되는 과정을 애너그램 식으로 분석한다. 라캉에 의하면 무의식은 언어다. 억압되는 것은 감정, 즉 기의가 아니라 기표다. 기표란 표시된 것, 예를 들어 '바다'라고 할 때 '바다'라는 문자와 그 음을 나타내고, 기의는 바다라는 존재 자체를 말한다. 기표는 대상을 표시하는 것, 기의는 대상 자체라고 이해하면 쉽다. 기표가 억압당할 때, 한 기표나 기표의 일부가 밑으로 가라앉는다. 아내에게 건넨 인사말에서는 "갔다 와"의 "와"가 가라앉고 그 자리를 "올게"가 대신 차지했다. "와"는 억압되고, "올게"는 해방되었다.

그렇다고 의식이 그 단어에 접근할 수 없는 것은 아니다. 그것은 일상생활에서 완벽하게 잘 사용될 수 있다. 다만 억압되었다는 사실 때문에 그 단어나 단어의 일부는 새로운 역할을 맡기 시작한다. 그것은 다른 억압된 요소들과 복잡한 일련의 연계들을 발달시키며, 동시에 관계를 수립한다. 그래서 라캉은 "무의식은 언어처럼 구조화되어 있다"고 말한다.

라캉에게 무의식은 단어, 음소, 문자 같은 요소들의 사슬chain이다. 이 사슬은 자아나 자기가 전혀 통제할 수 없는 매우 정확한 규칙들에 따라 전개된다. 무의식은 일상적인 말 속에 침입한 낯설고 동화되지 않은 어떤 욕망이다. 욕망이 언어 안에 거주하는 한 무의식은 그런 외래적인 욕망으로 가득 차 있다. 언어가 없으면 욕망도 없다.

이처럼 무의식은 타인의 욕망으로 넘쳐난다. 사람들은 자신이 원하지 않는 것, 자신이 인정하지 않는 어떤 기대에 부응하기 위해 애쓴다. 훌륭한 사람이 되라는 부모의 욕망, 특별한 능력을 발휘해주기를 바라는 팀 동료들의 욕망, 더 좋은 성과를 내기 바라는 회사의 욕망이 무의식을 점령한다. 무의식은 타자들의 목표, 열망, 환상으로 가득 차 있다. "갠 아무 것도 못할 거야"라는 아버지의 말을 우연히 엿들었던 아인슈타인은 수학에서 낙제함으로 아버지의 열망을 성취한다. 라캉에 의하면 아인슈타인의 의식이 이 말을 기억하지 못해도 기표들의 사슬이 대신 기억한다. 무의식은 모두 셈하고, 기록하고, 저장하며 언제든지 그 정보를 불러낼 수 있다. 어제 저녁 출장 가방을 챙기면서 나는 속으로 아내에게 '잘 갔다 올게. 당신도 잘 있어'라는 인사말을 이미 했다. 잠을 자면서 내 의식은 그걸 잊어버렸지만 무의식은 잊지 않고 그걸 기록하고 저장했다. 그리고 아내가 외출하는 순간 그걸 불러냈다. 무의식은 말한다. "나는 지난여름 네가 한 일을 기억하고 있어."

상상적 맹장염

친구가 술자리에서 갑자기 배를 잡고 쓰러진다. 구급차를 불러 병원에 갔더니 급성 맹장염이란다. 그 다음날 저녁 퇴근하고 집에 왔는데 갑자기 나도 왼쪽 아랫배가 아파온다. 아내에게 물어본다. 맹장의 위치가 어느 쪽이냐고. 아내는 맹장이 왼쪽에 있다고 말해준다. '이런, 틀림없는 맹장염이다.' 급하게 병원을 찾는다. 의사는 껄껄 웃는다. "맹장은 오른쪽에 있습니다." 그 순간 씻은 듯이 배가 낫는다. 누구나 한두 번쯤 겪었을 법한 일이다. 라캉이 말하는 타자는 구조주의의 구조와 같다. 구조가 사람의 행동을 지배하듯이 타자로서의 언어는 사람의 신체를 지배한다. 라캉에 의하면 신체는 외래적이고 타자적이다. 신체는 언어로 덧씌워진다. 상상적 맹장염이라는 언어가 사라지면 신체의 고통도 즉시 사라진다.

아이의 리비도는 사회화나 용변연습을 통해, 즉 언어로 표현되는 부모의 요구에 의해 특정한 성감대(입, 항문, 성기)로 흘러든다. 아이의 신체는 점차 그런 요구에 종속된다. 신체의 상이한 부분들은 사회적으로나 부모에 의해 결정된 의미를 띠게 된다. 신체는 정복된다. 언어가 신체를 정복한다. 살아 있는 존재인 우리의 동물적 본성은 죽고, 언어가 그 대신 생명을 얻어 우리를 산다. 그리고 우리의 신체적 쾌락들은 모두 타자에 대한 관계를 함축하거나 내포한다. 우리의 성적 쾌락 역시 타자에 내밀하게 묶여 있다.

언어는 기능한다. 언어는 그 어떤 주체와도 독립하여 살고 숨 쉰다. 말하는 존재들은 단지 언어를 도구로 이용하는 것이 아니다. 그들은 또한 언어에게 이용된다. 그들은 언어의 장난감이 되고 언어에 놀아난다. 언어는 자신의 생을 영위한다. 타자로서의 언어는 규칙들, 예외들, 표현들 그리고 어휘 목록들(표준어와 은어, 외래어, 특수한 기술용어, 하위문화 방언)을 가지고 다닌다. 언어는 시간이 지나면서 진화한다. 언어는 언어를 사용하는 인간들과 관계를 맺는다. 인간은 언어에 의해 주조되는 동시에 새로운 언어를 창조해서 언어에 영향을 미친다. 셰익스피어와 라캉은 수백 가지의 새로운 언어와 담화를 창조했다.

인간은 언어를 선택한다. 그러나 상상적 맹장염처럼 언어에 의해 인간이 선택되어지는 경우도 있다. 언어는 스스로를 끈질기게 들이민다. 인간은 언어에게 강요당하기도 한다. 언어는 인간과 독립된 실체이기도 하다. 인간은 언어에 종속적이다. 어떤 이미지나 은유는 우리 스스로 그것을 찾으려고 애쓰지 않았는데도 저절로 마음속에 떠오른다. 저절로 재생된다. 그러한 표현과 은유들은 의식과는 다른 자리에서 선택된다. 라캉에 의하면 말과 무의식적 사고는 평행선을 달리다가 그중 하나가 다른 하나를 방해하고 간섭한다. "갔다 와"라는 말과 "갔다 올게"라는 무의식적 담화가 평행선을 달리다가 후자가 전자를 방해하고 간섭한다. 무의식이 되새김질을 통해 의식의 층위를 점령한다.

"갔다 와"라는 말 뒤에 "갔다 올게"가 오는 것처럼 무의식이 의식을 밀어내는 것에는 일정한 규칙이 있다. 무작정 아무 단어나 올 수 있는 것이 아니다. 라캉은 동전 던지기 예를 든다. 동전 던지기에서 횟수에 상관없이 앞면(+)이나 뒷면(-)은 모두 나올 수 있다. 하지만 이들을 매트릭스로 묶을 경우에는 나올 수 없는 경우가 생긴다. 기표 사슬 안에 어떤 불가능이 발생하게 된다. 대부분의 철자 규칙이나 문법 규칙은 문자나 단어가 일렬로 묶이거나 사슬로 연결되는 방식에 관련된 것이다. 하나의 문자 혹은 항목 앞이나 뒤에 무엇이 올 수 있고 무엇이 올 수 없는지를 규정한다. 사슬은 이전 구성요소들의 행로를 기억/보전한다. 과거는 앞으로 무엇이 올 것인지를 결정하면서 그 자체에 기록된다. 가능성과 불가능성은 상징 매트릭스(암호)가 구성되는 방식에서 유래된다. 인간은 문자를 쓰지 않음으로써 그것을 잊어버릴 수 있다. 그러나 문자는 인간을 잊지 않는다. 무의식은 자율적이고 자동적인 방식으로 작동하는 문자들로 구성된다. 따라서 결코 잊히지 않는다. 무의식은 과거 자신에게 영향을 미쳤던 그 무엇을 현재 속에 보존한다. 그리고 무의식은 보존된 것들을 배열한다.

내 삶도 마찬가지다. 대학 시절 내 과거를 의식에서 지운다고 미래가 마음대로 만들어지는 것은 아니다. 대학 시절의 성적과 교우관계, 동아리 활동, 독서량 등 모든 것들이 내 삶의 매트릭스를 구성하는 기억인자로 작용한다. 일기장에서 그걸 지울 수는 있지만 무의식의 사슬에 남아 있는 흔적을 지울 수는 없다. 그렇게 기억 속에서 살아남은 무의식은 내 삶을 배열한다. 내 인생의 성공을 배열하고, 행복을 배열한다.

사랑은 윤리다

"사랑하는 사람을 타인으로서, 그 자체로 존립하는 인간으로 놔두지 않고
자신의 소유물처럼 대할 때 최악의 결과가 발생한다."

결혼은 청춘에게 행복의 시작이면서 또 다른 갈등과 번민의 시작이기도
하다. 연애를 할 때는 돌아서면 금방 또 보고 싶어졌는데 결혼한 후 1년
쯤 지나면서부터는 상대의 얼굴이 서서히 지겨워지기 시작한다. 다 그런
것은 아니겠지만 사소한 말다툼이 큰 싸움으로 번지기도 하고, 그럴 때
면 상대의 목소리만 들어도 짜증이 난다. 아이가 생기고 나면 갈등은 더
심해진다. 아내는 육아와 가사의 공평한 분담을 요구하고 남편은 직장
일 때문에 힘들다는 평계로 휴일만 되면 소파에 퍼질러 드러눕는다. 연
애를 하면서 상대방을 속속들이 파악했다고 생각했는데 막상 결혼 생활
을 하면서 이해 못할 버릇이나 성격이 불쑥 튀어나와 상대를 당황스럽게
만들기도 한다. 여기에다 시댁이나 친정 어른들과의 불화가 겹치거나, 남
편이나 아내 중 한 사람이 바람이라도 피면 결혼 생활이 파국을 맞기도

한다. 이런 일은 비단 청춘에게만 국한되지 않는다. 결혼 생활을 30년 넘게 한 황혼의 부부들도 어느 날 갑자기 나만의 행복을 찾겠다며 가정법원의 문을 두드린다. 돌아서면 남이라는 말처럼, 부부는 영원한 남남일 수밖에 없을까? 레비나스에 의하면 그렇다.

왜 우리는 영원한 남남인가

현상학은 에마뉘엘 레비나스^{Emmanuel Levinas}에 와서 새로운 변곡점을 맞는다. 의식의 지향성이라는 철학적 방법론의 근본 테제는 변하지 않지만 지향하는 대상인 타자에 대한 해석에서 레비나스는 후설이나 하이데거와 크게 갈린다. 후설과 하이데거에게 있어서 자아는 절대적 주권을 가진다. 타자는 자아의 지향성에 의해 포섭되고, 포섭된 타자는 자아의 영역 안으로 들어와 그의 주권 아래 놓인다. 타자는 자아가 만든 공화국의 시민이 된다.

그러나 레비나스에게 있어서 타자는 영원한 이방인이다. 아무리 긴 시간이 흘러도 타자는 내 영역 안으로 들어올 수 없다. 자아는 타자를 이해하고, 묘사하고, 그와 교감을 할 수는 있어도 그를 소유할 수는 없다. 따라서 타자가 자아가 건설한 공화국의 시민이 되는 일은 결코 일어나지 않는다. 의식이 비추는 지향성의 빛은 타자를 향하지만 그렇다고 그 빛 속으로 타자가 들어오지는 않는다. 단지 비추어질 뿐이다.

결혼한 후 사랑이 깨지는 것은 이 때문이다. 결혼을 했기 때문에 남편은 아내를, 아내는 남편을 내 것이라고 생각한다. 그 순간부터 남편과 아내는 서로의 타자성을 인정하지 않는다. 그러나 레비나스의 말처럼 타자를 나의 소유로 만드는 것은 절대적으로 불가능하다. 시간이 아무리 흘러도 이것은 불가능하다. 청춘의 이혼은 타자성이 거부당한 것에 대한 즉각적인 반응이고, 황혼의 이혼은 지연된 반응이다. 그 차이일 뿐 헤어짐의 문법에 들어 있는 본질적인 속성은 같다. 남편은 남편대로 아내는 아내대로 자신이 비추는 빛 속으로 상대가 들어오지 않는다고 불평하지만 그 빛은 상대를 그저 비추기만 할 뿐 상대의 신체와 마음을 투과해서 자신의 영역 안으로 포섭하지는 못한다.

　레비나스는 하이데거의 열렬한 추종자였다. 적어도 초기에는 그랬다. 그의 초기 저작들은 하이데거의 짙은 그림자 속에서 쓰였다. 그러나 하이데거가 나치에 협력한 이후 레비나스는 하이데거와 결별했다. 유태인이었던 레비나스로서는 당연한 선택이었는지 모른다. 유태인이었던 한나 아렌트가 그랬던 것처럼. 레비나스는 이때부터 선험적 자아의 특권을 지나치게 강조하는 후설과도 멀어졌다. 후설은 자아와 타자의 관계를 라이프니츠의 모나드론에 기대 설명했다(라이프니츠에 대해서는 이후 자세하게 설명하겠다). 비록 창은 없지만 모나드를 통해 타자는 자아에 반영된다. 신체 조건과 생활세계 내에서 삶의 조건이 비슷비슷한 자아와 타아(타자의 자아)는 유비적 통각에 의해 서로에게 간접 현전된다. 자아와 타아는 서로에게 감정이입된다. 레비나스는 이러한 후설의 생각을 "타자를 지배하려는 자아의 제국주의적 폭력행사"라며 맹비난한다. 후설이 말하는 자아로는 바깥세상에 존재하는 자신과 동등한 주권을 가지는 타자의 자아를 결코 발견할 수 없다고 주장한다. 타자가 모나드에 의해 자아에 반영은 되지만 그래도 결국 주체는 타자가 아니라 자아라는 것이다. 레비나스에게 중요한 것은 자아가 아니라 타아다. 레비나스에게는 절대적 타자만이 무한하다. 타자는 결국 신이다.

레비나스의 철학이 종국에 가서 윤리학으로 기운 것은 이러한 맥락에서 나온 것이다. 레비나스에 의하면 사랑도 결국 윤리다. 타자의 진정한 타자성을 이해하는 것, 타자의 나와 다름을 인정하는 것은 연인이나 부부뿐만 아니라 국가와 같은 공동체에서도 윤리적 기반을 구성한다. 레비나스에 의하면 결핍된 것에 대한 욕구는 충족될 수 있지만 욕망은 근원적으로 충족될 수 없다. 사랑이라는 이름으로 포장된 욕망은 결국 상대에 대한 지배욕과 소유욕으로 표출되기 때문에 이러한 사랑은 결코 성공을 거둘 수 없다. 욕망을 완전하게 충족시키겠다는 생각은 결국 스스로 신이 되겠다는 것과 같은 허황된 미신에 지나지 않는다. 절대 권력도 마찬가지다.

민낯을 대할 수 있는 용기

레비나스는 자아와 타자는 얼굴로 만난다고 말한다. 얼굴은 메를로퐁티의 신체처럼 레비나스의 철학을 대표하는 개념이다.

얼굴은 눈, 코, 입이 달린 생물학적 얼굴일 수도 있고, 상대에게 다가가 자신을 드러내는 자아의 명령 혹은 담화로 해석될 수도 있다. 타자에게 화장으로 떡칠한 얼굴을 내미는 자아는 망상적이다. 이런 얼굴은 진실한 자신의 모습이 아니라 돈과 권력, 명예 따위로 분장한 얼굴이다. 이러한 얼굴은 명품 가방이나 명품 옷을 걸치지 않으면 타자와의 만남도 이룰 수 없다. 청춘의 사랑이 지속되기 위해서는 이러한 망상적 얼굴이 아니라 민낯을 대할 수 있는 용기가 있어야 한다. 국가도 마찬가지다. 공동체의 자유와 정의를 유지하기 위해서는 획일화된 명령과 지배, 절대 권력이라는 화장품으로 분장한 얼굴을 벗어던져야 한다. 자아와 타자가 민낯으로 만날 때 부부의 사랑, 가정과 국가의 평화가 유지된다. 얼굴은 비폭력적이어야 하며, 자아의 얼굴은 타자에게 권리가 아니라 책임으로서 내밀어져야 한다. 자아 중심적이고 독선적인 얼굴은 윤리의 기반이 될 수 없다.

그래서 레비나스는 '존재가 자유를 위해 선고되었다'는 사르트르의 명제마저도 거부한다. 레비나스에게 있어서 존재는 자아의 자유가 아니라 타자를 위한 윤리적 책무로서 먼저 존재한다. 타자 없는 자유는 목적이나 토대를 상실한 맹목적 자유로 전락한다. 타자는 결코 침해될 수 없는 영역이며, 타자의 얼굴은 나의 세계에 나타나지만 나의 세계에 속하지는 않는다. 죽음에 이르러서도 이 원리는 변하지 않는다. 자아가 아무리 많은 타자를 살해하거나 섬멸해도 타자는 끝까지 살아남는다. 그래서 히틀러나 IS 식의 폭력은 본질적으로 실패할 수밖에 없다.

사랑은 대칭적이지 않다

레비나스에게 있어서 윤리는 비대칭적이다. 따라서 내가 상대를 위해 죽을 준비가 되어 있다고 해서 상대에게 나를 위해 죽어달라고 강요할 수는 없다. 사랑도 마찬가지다. 내가 너를 죽을 만큼 사랑하는데 왜 너는 그렇지 않느냐고 따지는 것은 무의미하다. 그걸 바라고, 강요하기 시작하면 사랑의 윤리적 기반은 허물어진다. 레비나스는 윤리적 기반을 정초하는 주체인, 칸트의 이성도 거부한다. 이성은 합리적으로 따지는 정신의 기질이다. 그러한 두 이성이 만날 경우 대화와 토론은 가능하지만 서로를 만족시킬 수 있는 합의안을 도출할 수는 없다. 이성으로 무장한 자아는 타자와의 그 어떤 만남도 허용하지 않고 동일자의 균일한 독백만 재현할 뿐이다. 레비나스의 윤리에는 칸트의 경우처럼 규칙이 존재하지 않는다.

이런 측면에서 볼 때 레비나스는, '주체' 중심으로 모든 것을 판단하는 근대의 계몽주의적 사고방식에서 탈피한, 포스트모던post-modern의 창시자다.

> 포스트모던 정신이 깨달은 일은, 어떠한 좋은 해결책도 없는 인간과 사회
> 생활의 문제들이 있다는 것, 깨끗이 정리될 수 없는 뒤틀린 인생 여정이
> 있다는 것, 정정되길 기다리는 큰 언어 실수보다 더 많은 모호성이 있다는
> 것, 존재 바깥에서 법으로 통제할 수 없는 수많은 회의懷疑들이 있다는 것,
> 치료는 고사하고 진정시킬 수 있는 처방인 이성적 명령조차 없는 도덕적
> 고통이 있다는 것이다.

도저히 화해할 수 없는 지경에 이르러 이별을 결심할 때, 법정으로 달려가기 전에 레비나스의 이 말을 한 번 곱씹어보자. 남남으로 살던 두 사람이 한 울타리 밑에서 살다보면 신뢰와 사랑으로도, 정으로도 해결할 수 없는 문제가 의외로 많이 생긴다. 사소한 일에서부터 심각한 일에

이르기까지 무시로 생긴다. 이런 일들은 어느 한쪽이 고개를 숙인다고 해결되지 않는다. 설사 그런 방식으로 문제가 해결된다고 해도 그것은 임시방편에 지나지 않는다. 나는 수그렸던 머리를 어느 순간 치켜들고 또 문제를 만든다. 문제를 근본적으로 해결하는 가장 좋은 방법은 뭘까? 타자의 타자성을 인정하고 존중하고 그러한 바탕 위에서 서로를 사랑하는 것이다. 레비나스는 말한다. "사랑은 욕망의 탈출구가 아니라 타자에 대한 윤리적 책임이다."

사랑과 우정

세계적인 악명을 떨친 학살자이자 전체주의 총통, 히틀러의 망령은 다양한 형태로 고발된다. 나치시절의 가슴 아픈 역사를 기억하고 반성하기 위해서다.

루이제 린저도 『생의 한가운데』에서 히틀러 시대의 어두운 그림자를 고발한다. 깃발을 직접 흔들지는 않지만 작품 속에 등장하는 독일인들의 삶 곳곳에 그 흔적이 묻어난다. 그러나 이 작품에서는 또 눈여겨볼 것이 있다. 니나가 인생의 여정 속에서 누군가와 사랑을 하고 우정을 맺는 과정 속에서, 절대 누군가의 소유물로 전락하지 않고 그 자신으로 살아가려고 분투하는 과정이다.

주인공 니나는 내란선동죄로 징역 15년을 언도받고, 니나의 전 남편 퍼시는 교수형을 선고받고 감옥에 수감되었다가 니나가 건넨 독약을 먹고 자살한다. 일생동안 니나 곁에 머물면서 우정을 나눈 슈타인은 동료들을 지키기 위해 나치에 위장 입당한다. 니나와 슈타인은 삼엄한 비밀 경찰의 감시를 뚫고 유태인들과 반나치 활동가 십여 명을 외국으로 도피시킨다. 그러나 이러한 정치적 색채는 소설 속에서 전면에 드러나지 않는다. 얇은 막처럼 눈에 잘 띄지 않게 은밀하게 배치되어 있다.

주인공 니나를 한마디로 표현하면 불꽃같은 여성이다. 니나는 불꽃처럼 강렬하게, 뜨겁게, 자유분방하게 생을 살아간다.

우리나라의 나혜석과 전혜린을 생각하면 소설 속 니나의 캐릭터가 쉽게 연상된다. 나이 차가 많은 언니의 결혼식 들러리를 서라는 부모들의 말에 언니의 웨딩드레스에 침을 뱉을 정도로 니나는 당돌하고 반항적이며 자기주장이 강하다. 이렇게 보면 니나가 원하는 자유는 사르트르가 말하는 타자 없는 완전한 자유처럼 보일지도 모른다. 그러나 니나는 누군가를 자신의 식민지로 만들려고 하지 않고, 타자를 사유하며 자유를 지켜나가려고 한다. 의과대학에서 동료들과 안락사를 두고 논쟁을 할 때 니나의 이러한 성격이 두드러지게 나타난다. 불치병 환자들을 제거하는 것이 사회적 공익에 부합된다고 주장하는 학생들에게 니나는 이렇게 말한다. "그렇다면 당신들은 횔덜린도 죽였겠군요." 횔덜린은 정신병을 앓았던 19세기를 대표하는 시인이었다.

슈타인이 니나를 처음 만난 것은 니나가 환자로서 그의 병원을 찾아왔던 1929년이다. 니나는 스무 살도 채 되지 않은 소녀였고, 슈타인은 니나보다 나이가 스무 살이나 더 많은 노총각이었다. 두 사람의 만남은 운명처럼 다가왔지만 그 운명은 끝내 이루어지지 않는다. 슈타인은 니나와 호텔방 침대에서 함께 잠을 자면서도 그녀에게 손을 대지 않는다. 그 뒤에도 몇 차례 그녀를 가질 수 있는 기회가 있었지만 거리를 유지한다. 니나는 뜨거운 불꽃이었고, 슈타인은 차가운 얼음이었다. 슈타인은 니나의 삶의 한가운데서 그녀의 모든 것을 받아주고, 다독여주고, 그녀가 성장할 수 있도록 도와준다. 그렇지만 끝까지 사랑보다는 우정을 선택한다. 니나도 슈타인을 사랑하지만 남자로서는 온전히 받아들이지 않는다. 나이 차도 있지만 의학계에서 큰 업적을 이루고 있는 슈타인은 그녀에게 존경의 대상이었다. 우러러보면서 모든 것을 상의하고, 기대지만 빠져들지는 않는다.

니나가 남자로서 마음을 준 사람은 퍼시와 알렉산더였다. 퍼시는 건축가였고, 알렉산더는 연극배우였다. 니나는 알렉산더의 공연을 보러갔다가 그에게 푹 빠져 즉흥적으로 관계를 갖는다. 그리고 그의 아이를 가진다. 하지만 그때 니나는 이미 퍼시와 결혼을 약속한 상태였다. 니나는 퍼시에게 사실을 털어놓는다. 퍼시는 자신의 아이일 수도 있다면서 니나를 용서하고 받아들인다. 그리고 결혼한다. 하지만 자신을 전혀 닮지 않은 아이를 보면서 퍼시는 니나를 차츰 멀리한다. 퍼시는 니나가 아이를 출산한 지 얼마 지나지 않아 강제로 그녀와 관계를 맺어 자신의 아이를 가지게 한다. 니나는 자유를 짓밟혔다는 생각에 자살을 감행한다. 사랑하는 사람을 타인으로서, 그 자체로 존립하는 인간으로 놔두지 않고 자신의 소유물처럼 대할 때 이런 결과가 발생한다.

니나는 겨우 슈타인의 도움으로 살아난다. 그러나 결국 퍼시와는 헤어진다. 속박을 벗어난 니나는 더 자유롭게 삶을 살아간다. 하루 저녁에 여러 남자와 데이트를 즐기고, 쓰고 싶었던 소설을 쓰면서, 정치 집회에 참석해서 반나치 활동을 주도적으로 이끌어간다. 슈타인이 주의를 주지만 니나는 아랑곳하지 않는다. 그러다가 나치에 체포된다. 그리고 1944년 내란선동죄로 15년 형을 선고받고 수감된다.

이듬해 전쟁이 끝나고 자유의 몸이 된 니나는 인생의 꽃을 피운다. 유명 잡지의 편집인으로 사회적 명망도 얻는다. 슈타인과는 정반대다. 슈타인은 동료들과 제자들을 보호하기 위해 나치에 위장 입당했다가 종전 후 교수직을 박탈당하고 몰락의 길을 걷는다. 급기야 암까지 얻는다. 니나는 은밀하게 슈타인을 변호한다. 그의 이력을 누구보다 잘 아는 그녀였기에 슈타인의 면책을 위해 노력한다. 슈타인은 병상에서 니나와 마지막으로 만나서 대화를 나눈다. 그리고 죽음을 맞는다. 가슴에 그녀를 품은 채.

나는 나다

"삶에서도 끊임없는 인정투쟁이 벌어진다.
노예로 살 것인가, 주인으로 살 것인가,
이것은 정신의 자기의식이 결정한다."

소크라테스는 "너 자신을 알라"고 했다. 이 정언명령에 대해 "그래 나는 나 자신을 안다"고 자신 있게 대답할 수 있는 사람이 얼마나 될까? 범인凡人은 물론이거니와 세상을 꿰뚫듯이 들여다보는 철학자들도 소크라테스의 이 명령에 쉽게 반응을 하지 못한다. 그런데 예외가 있다. 근대 관념론의 대가 G. W. F. 헤겔Georg Wilhelm Friedrich Hegel이다.

헤겔은 그의 대표 저서 『정신현상학』에서 무례하게 보일 정도로 소크라테스에게 머리를 들이민다. 헤겔은 말한다. "나는 나다."

철학적 사유를 통해 자신을 완벽하게 파악했다는 정언적 자기 선언이다. 호기롭고 자유롭다. 그러나 독선적이고 독단적이다. 그래서 헤겔 철학은 매력적이면서도 한편으로는 위험하다. 차라리 적당한 선에서 브레이크를 걸 줄 아는 칸트가 더 건강하고 합리적이다. 청춘에게 권하고 싶은 철학자는 헤겔이 아니라 칸트다. 그러나 헤겔에서도 배울 점은 분명히 있다. 끝까지 가보자. 헤겔이 청춘에게 주는 큰 울림이 분명 있다. 헤겔이 살았던 시대에, 헤겔은 대스타였으니까.

1820년 천신만고 끝에 베를린 대학 교수 자리를 얻은 쇼펜하우어는 그해 봄 학기 처음으로 자신의 이름을 걸고 철학 강의를 개설한다. 쇼펜하우어는 당시 잘나가던 헤겔과 맞장을 한번 떠보고 싶었다. 그래서 자신의 강의시간을 헤겔의 강의시간과 똑같이 맞췄다. 그러나 결과는 참담했다. 두 사람의 대결은 쇼펜하우어의 완패로 끝났다. 헤겔의 강의실은 100명이 넘는 학생들로 넘쳐났지만 쇼펜하우어의 강의실은 텅텅 비었다. 결국 쇼펜하우어는 제대로 된 강의 한 번 못 해보고 베를린 대학을 떠난다. 그만큼 베를린에서 헤겔은 독보적인 존재였다. 베를린 대학의 철학 강의실은 헤겔이 모조리 점령했다. 요즘말로 하면 '올킬all-kill'이었다. 절대정신, 절대지, 용어 자체부터 가슴을 두근거리게 하는 헤겔의 철학 강좌에 학생들은 매료되었다.

그런데 요즘은 어떤가? 헤겔에 대한 관심은 시들하다. 아니 배척당한다고 말하는 것이 정확하다. 정신의 독재적 지배를 강조하는 헤겔식의 방법론에 사람들은 숨 막혀 한다. 더러는 경기를 일으키는 사람도 있다. 히틀러에 대한 트라우마 때문이다. 칼 포퍼˙는 『열린사회와 그 적들』에서 플라톤, 루소, 마르크스, 헤겔을 열린사회의 대표적인 적들이라며 싸잡아 비판한다.

---

* 영국의 과학철학자이자 사회철학자. 진정한 과학은 반증이 가능한 것이라는 의견을 펼쳤으며, 전체주의에 맞선 '열린사회'의 조건이 무엇인지를 탐구했다.

정신의 독재자

정신현상학에 나타난 헤겔의 사상은 "나는 나다"라는 한 문장으로 압축할 수 있다. 헤겔에게서 나의 정신은 세상의 모든 것을 완벽하게 파악하고, 지배한다. 그리고 새로운 역사를 창조한다. 나의 정신은 하늘과 빛, 구름과 같은 자연현상뿐만 아니라 언어, 문화, 종교 등 모든 사회현상들도 완벽하게 접수한다. 나의 정신에 포섭되지 않고 세상에 남겨진 잔여물은 단 하나도 없다. 내 정신의 손아귀에 장악되지 않는 현상은 아무것도 없다. 사물은 자아가 되고 자아는 사물이 된다. 현상도 마찬가지다. 현상은 곧 자아가 되고 자아는 다시 현상이 된다. 세상은 곧 나와 한 몸이 된다. 내 정신은 신의 경지, 절대적인 경지에 도달한다. 그래서 나는 나다. 나는 나 이외에 다른 무엇이 될 수가 없다. 완전체인 신이 다른 형체로 변할 수 없듯이. 헤겔은 이런 완벽한 상태에 도달한 정신을 절대지라고 부른다.

"나는 나다"라는 헤겔의 명제가 역사 속에서 입증되려면 나는 나 이외의 모든 것을 내 발 아래 굴복시켜야 한다. 완벽하게 지배해야 한다. 그래야 세상과 역사를 내 의지대로 디자인하고, 배치하고, 창조할 수 있다. 그렇지 않으면 절대지가 아니다. 절대지를 추구하는 국가도 마찬가지다. 이웃과 주변 부족, 주변 국가들을 모조리 정복하고, 내 주권 아래 통합시켜야 한다. 헤겔식으로 하면 타인은 공존의 대상이 아니라 나의 신체를 절대적인 건강체로 유지하기 위한 맛있는 먹잇감이고, 소비의 대상이다. 이웃 국가들은 선린과 우호의 대상이 아니라 침략과 노략질의 대상이다.

헤겔의 사유는 분열된 독일을 하나로 통합시키는 자양분으로 작용했다. 하지만 한편으로는 예기치 않은 부작용을 가져왔다. 헤겔의 절대정신을 인종주의에 접목시킨 히틀러는 나치즘이라는 괴물을 탄생시켰고, 이것을 계급적 관점에서 역사에 접목시킨 마르크스와 레닌은 스탈린이라는 또 다른 괴물을 낳았다. 히틀러와 스탈린은 두 사람 모두 인류에게 끔찍한 악몽이다. 오늘날 헤겔의 철학이 배척당하는 것은 이러한 맥락 때문이다.

헤겔이 볼 때 전체는 부분들의 합이 아니라 부분과 전체의 통일이다. 부분 속에 전체가 반영되어 있으며, 전체 속에 부분이 반영되어 있는 유기적 통일성이 진정한 전체이다. 전체의 내부에서는 전체와 모순되는 부분이 따로 형성될 수 있으나, 그 대립지점을 지양하고 통일체로 나아가야 한다고 헤겔은 말한다. 부분들의 대립지점을 극복하고 거대한 통일체, 합이 되는 과정이 바로 변증법적 과정이다.

이런 논리대로 하면 부분은 그 자체로서는 아무런 의미를 가질 수 없다. 절대정신에 의해 전체로 통합될 때에만 부분은 비로소 의미를 가진다. 헤겔 철학에서 개인의 자유는 결코 국가의 자유에 우선할 수 없다. 사유와 존재의 관계도 같은 이치로 설명된다. 헤겔에게 있어 진리는 사고가 존재를 구성함으로써 드러나는 것이 아니라 이 둘의 역동적인 관계를 통해 확보된다. 사고와 존재가 맺는 변증법적 관계의 총체성이 존재의 진리로 드러나는 것이다. 헤겔은 말한다. "진리는 부분이 아니라 전체이다." 칼 포퍼가 헤겔을 열린사회의 적들이라고 공격한 논거는 바로 이 지점이다.

칸트는 『순수이성비판』에서 이성의 역할 범위와 한계를 명확하게 설정했다. 그래서 이성이 경험 세계를 벗어나지 못하도록 철저하게 단속했다.

칸트는 경험세계 너머의 것은 미신의 범주에 속한다고 믿었다. 칸트에게 이성은 예언자가 아니라 냉철하게 현실을 분석하고 따지는 심판관이었다. 칸트는 아는 것과 모르는 것을 정확하게, 정직하게 구분했다. 칸트는 이 원칙에서 한 치도 벗어나지 않았다.

그러나 헤겔은 이러한 칸트를 비겁하다고 몰아세운다. 이성이 한계에 부닥친다고 사유를 더 이상 확장시키지 못하고 머뭇거리는 것은 결국 진리 탐구에 대한 열정과 용기가 부족하기 때문이 아니냐며 칸트를 추궁한다.

헤겔이 손에 쥔 무기는 변증법이라는 사변思辨이다. 대상에 대한 직관적 인식과 개념 정의를 '원샷원킬'로 마무리 짓는 오성이나 이성과는 달리 사변은 대상을 여러 번 숙고한다. 요모조모 재고 훑어본 후 마음에 들지 않는 구석이 있으면 관계를 다시 정립한다. 사변은 이미 반성된 것들의 관계를 다시 반성한다. 그래서 사변은 반성의 계기가 만들어내는 개념의 자기운동으로 규정된다. 사변은 사고의 형식과 내용이 그때마다의 과정 속에서 만들어내는 상위의 사고 형식이며, 결과적으로 전체 존재의 내적 연관과 필연성을 창출하는 학문의 원리이다.

미네르바의 부엉이

미네르바의 부엉이는 황혼이 깃들 무렵 날기 시작한다.

『법철학』서문에서 헤겔이 남긴 이 문장은 만고의 진리처럼 회자된다. 헤겔이 가장 큰 성공을 거둔 분야는 역설적이게도 철학이 아니라 문학이다. 미네르바는 그리스 신화의 아테네에 대응되는 로마신화의 여신이다. 제우스의 머리에서 나올 만큼 그녀는 똑똑했다. 그래서 지혜의 여신이다. 부엉이는 미네르바의 신조神鳥다. 원래는 까마귀가 미네르바의 신조였지만 촉새처럼 입을 나불대는 바람에 쫓겨나고 과묵한 부엉이가 그 자리를 대신 차지했다. 부엉이는 한때 일국의 공주였지만 왕인 아버지와 부적절한 관계를 맺은 후 부끄러움을 견디지 못해 산속으로 들어가 부엉이가 되었다. 공주는 부엉이가 된 이후에도 양심의 가책에서 벗어나지 못해 남의 눈에 띄지 않는 밤에만 활동을 한다. 황혼 무렵 비상을 시작한 미네르바는 공간을 자유롭게 선회하면서 세상을 두루 살핀다. 밤에만 나는 것은 냉정함과 객관성을 유지하기 위해서다. 정의의 여신 디케가 눈을 감고 있는 것과 같은 이치다. 차가운 밤하늘을 날면서 미르네바는 세상을 충분히 살피고 깨닫는다. 그리고 절대지의 경지에 도달한다. 포도주가 제 맛을 내기 위해서는 충분히 숙성되고 발효되는 시간이 필요하듯이 절대지도 이러한 과정을 필요로 한다. 한 번의 비상으로 불충분 하면 두 번, 세 번 되풀이해서 자신의 목표에 이른다. 헤겔에게 사유의 반성 작용은 한 번으로 종결되는 것이 아니라 무한히 반복된다. 이 과정에서 기존의 것이 지양되면서 새로운 것이 창조된다.

비상하는 올빼미의 시선과 같이 철학의 활동은 현실을 이성적으로 파악한다. 이성적으로 파악된 현실은 이성적으로 파악되기 이전의 현실과는 다른 현실이다. 철학의 활동은 새로운 현실을 만들어내는 원동력이다.

이 과정에서 역사는 창조된다. 헤겔에 의하면 철학은 그 시대를 사상思想으로 포착한다. 그래서 이성적인 것은 현실적인 것이 되어야 하며, 현실적인 것은 이성적인 것이 되어야 한다. 이러한 변증법적 과정을 통해 대립을 화해로 만드는 주체가 바로 정신Geist이다. 정신은 무한한 절대자이다. 자연과 유한한 정신에 맞서 있는 실체로 그치는 것이 아니라 자신에게서 양자(자연과 유한한 정신)를 향해 나아가고 이 양자에게서 다시금 자신에게로 복귀하는 운동의 주체이다. 정신은 이 과정에서 자기동일성과 차이성을 자기 안에 포함한다.

헤겔은 시대적으로 현상학의 창시자인 후설보다 크게 앞선다. 따라서 엄밀하게 볼 때 헤겔의 철학을 현상학의 범주에 포함시키는 것은 이치에 맞지 않다. 『정신현상학』이라는 이름을 붙이고 있지만 헤겔의 현상학은 후설의 현상학과 뿌리가 다르다. 그러나 헤겔의 『정신현상학』을 찬찬히 뜯어보면 여러 가지 점에서 후설의 현상학적 방법론과 맥이 닿아 있다. 그래서 나는 광의의 의미에서 헤겔을 현상학자로 포함시켜 살핀다. 다만 오늘날 우리가 일반적으로 말하는 현상학이라는 철학의 체계에서 볼 때, 후설이 창조자이니 아버지에 해당하고, 헤겔은 현상학이라는 학문 자체와의 연관성을 볼 때는 친척에 해당하기 때문에 후설, 하이데거, 사르트르, 레비나스, 라캉에 이어 여섯번째로 헤겔을 살피고 있다.

정신이 최초로 포착하는 감각적 세계는 가장 순수하고, 가장 확실하다. 그래서 존 로크와 같은 경험주의자들은 오감으로 인지하는 경험 세계를 진리의 기준으로 삼는다. 그러나 헤겔은 감각적 확실성이야말로 가장 빈곤한 진리라고 말한다. 헤겔에 의하면 감각이 진술할 수 있는 것은 기껏해야 공간적 '여기'와 시간적 '지금'뿐이다. 그런데 '여기'와 '지금'은 수시로 변한다. '여기'는 집이 되었다가 공원이 되었다가 도서관이 되기도 하며, '지금'은 낮이 되었다가 밤이 되었다가 새벽이 되기도 한다. 감각은 허술하고 빈곤하며 유동적이다. 이러한 감각이 존재의 확실성을 띠게 되는 것은 의식이 그들에게 지향되는 순간부터다. 대상들은 인식의 주체인 정신에 현상됨으로써 의미를 띤다. 사물은 그 자체로 존재하는 실체가 아니다. 헤겔은 감각적 확실성의 진리는 대상의 독자적 실재성을 인정하는 데 있지 않고, 대상을 빵과 포도주처럼 먹고 마시고 소화시킴으로써 그것의 독자적 실재성을 부정하는 데 있다고 말한다. 소화된 빵과 포도주가 체내에서 새로운 에너지원이 되듯이 부정된 감각적 확실성은 정신에 의해 새로운 진리로 변화된다. 이처럼 헤겔도 세계를 의식의 주관적 지향성이라는 관점에서 파악한다. 그리고 그때 의식에 현상되는 세계의 파노라마를 변증법적 사변으로 분석하고 종합한다. 후설의 현상학과 헤겔의 현상학은 그 뼈대가 같다. 엄밀하게 말하자면 현상학의 창시자는 후설이 아니라 헤겔이다.

생명의 자기의식과 인정투쟁

자기의식은 "나는 나다"와 같이 의식이 의식 자신에 대해 갖는 의식이다. 이러한 자기의식은 밖의 존재와는 아무런 관련을 맺지 않는다. 그래서 그 자체로서는 공허하다. 이러한 공허함을 충만한 실재로 만들기 위해 자기의식은 현실과 관계를 맺는다. 이때 여러 가지 프레임이 동원된다. 그 첫 번째 프레임은 욕구다.

헤겔에 의하면 욕구는 대상을 파괴함으로써 스스로를 보존하는 자기 보존의 양식이다. 대상의 대상성은 그 자체로 아무런 독자성을 갖지 않는다. 대상은 자기의식에게 부정적인 것이며 비본질적인 것이다.

자기의식은 자기 스스로 관계하는 의식이라는 점에서 생명이다. 대상은 이런 생명과 관계한다는 점에서 생동적이다. 또 다른 생명인 셈이다. 자기 스스로를 확실하게 의식하는 생명과 의식하지 못하는 생명은 생명 일반의 관계에서 볼 때 생과 죽음의 관계에 놓인다.

전자의 보존과 확장은 후자의 죽음을 통해서 가능하다. 후자는 전자의 소비와 소모의 대상이다. 고차적인 생명의 보존은 저차적인 생명의 희생을 통해서만 가능하다. 그러나 헤겔은 다른 인간으로까지 그 대상을 확대할 수는 없다고 말한다.

타자는 구조적으로 자신과 동일한 공통존재이다. 그래서 상호주관적이다. 자기의식에게 또 다른 자기의식은 욕구 충족의 대상이 아니라 공존의 대상이다. 헤겔의 철학을 끝까지 추적하면 크게 문제는 없다. 생명과 공존의 윤리를 강조하고 있다고 적극 변호할 수도 있다. 그러나 고등적인 것에 봉사하기 위해 하등적인 것이 존재한다는 규범적 선언 때문에 헤겔 철학은 원죄를 피할 수 없다. 이러한 독소조항을 뚝 떼어내서 현실에 잘못 얹을 경우 헤겔의 철학은 무서운 광기로 돌변할 수 있다. 역사가 그걸 증명했다.

정신은 자기 존재를 확인받기 위해서 끊임없이 투쟁한다. 헤겔은 이를 인정투쟁이라고 말한다. 이 투쟁은 생사를 건 투쟁이다. 생명이냐, 죽음이냐는 투쟁에서 살아남은 정신은 상대방으로부터 인정받으면서 보다 높은 질적 상태의 생명에 이른다. 패배한 정신은 반대로 기껏해야 현재적 생명만을 허락받는 경우로 전락한다. 이 순간부터 자기의식은 자신의 생명을 타자로부터 인정받은 자기의식과 타자의 허락 하에 자신의 생명을 유지할 수 있게 된 자기의식으로 나뉜다. 헤겔은 전자를 주인의 의식이라고 말하고 후자를 노예의 의식이라고 말한다.

헤겔에 의하면 태생적 노예는 없다. 노예의 의식은 의식의 전개 과정에서 하나의 통과 지점에 불과할 뿐이며 결정론적으로 확정된 의식이 아니다. 노예는 인식론적 경험을 통해 노예의 상태를 벗어날 수 있다. 노예의 인식론적 경험은 자신의 신분이 주인에게 의존하고 있다는 부자유에 대한 인식이며 자신의 존립이 노동을 통해 보장될 수밖에 없다는 부자유에 대한 인식이다. 마찬가지로 주인의 의식도 확정적인 것은 아니다. 주인은 노예가 생산하는 생산물을 필요로 한다. 그래서 주인도 노예에게 의존적이다. 노예와 주인은 상호의존적이다.

청춘의 삶에서도 끊임없는 인정투쟁이 벌어진다. 노예로 살 것인가, 주인으로 살 것인가, 이것은 정신의 자기의식이 결정한다. 노예와 주인은 고정적이지 않다. 노예가 주인이 되기도 하고 주인이 노예로 전락하기도 한다. 깨어 있는 정신만이 주인에서 노예로 전락하는 것을 막을 수 있다. 노예로 전락하지 않기 위해 청춘의 정신은 늘 깨어 있어야 한다.

나는 내 몸으로 세상과 소통한다

"신체는 단순한 의식의 전령이 아니라 의식과 세계를 중재하고
매개하는 당당한 주체다. 신체가 없으면 의식도 없고, 세계도 없다."

모리스 메를로퐁티Maurice Merleau Ponty는 몸의 철학자다. 몸으로 현상학을 통째로 재구성했다. 메를로퐁티가 말하는 몸은 우리의 신체body다. 몸의 현상학적 의미는 뭘까? 철학의 주제는 주로 정신이나 의식, 이성과 같이 비육체적인 것이 일반적인데 왜 메를로퐁티는 비정신적인 육체를 화두로 삼았을까?

피겨와 현상학

신체의 표현예술인 피겨스케이팅을 생각하면 이해가 빠르다. 우선 김연아의 피겨에 메를로퐁티가 말하는 몸의 현상학을 한번 적용해보자. 캐나다 밴쿠버의 퍼시픽 콜리시움 실내 빙상경기장. 조지 거쉰의 피아노 협

주곡 〈랩소디 인 블루〉에 맞춰 김연아가 스케이트를 타기 시작한다. 김연아의 몸이 한 마리 나비처럼 우아하게 공간을 휘젓는다. 김연아의 몸은 공간을 자유자재로 해석하고, 장악하고, 지배한다. 공간은 그녀의 몸과 일체가 된다. 발에 신고 있는 스케이트도, 몸에 걸치고 있는 푸른색 의상도 몸의 일부이다. 신체적 종합의 연장extension이다. 아니 몸과 통일되어 있는 몸 그 자체이다. 김연아는 자신의 몸짓으로 관객과 소통한다. 김연아의 신체는 세상과 그녀의 예술혼을 이어주는 매개체다. 피겨를 타는 김연아의 몸을 조종하는 것은 그녀의 의식이 아니다. 몸 스스로 겨냥하고, 움직이고, 표현한다. 몸은 의식의 하인이 아니라 주인이다. 피겨를 타는 팔과 다리 사이에는 특별한 교감과 대화가 필요 없다. 팔의 언어를 다리의 언어로 번역할 필요도 없고, 다리의 움직임을 팔의 봄seeing으로 관찰할 필요도 없다. 서로는 서로를 소환하거나 파견할 필요가 없다. 몸 그 자체가 모든 것을 이해하고, 해석하는 능력을 이미 갖추고 있기 때문에 몸을 구성하는 단위 요소들끼리의 국부적 소통은 잉여에 불과하다. 몸짓 자체가 언어이고, 대화이고, 담화이다. 모든 소통은 거기에 녹아 있다. 그 안에 거주한다. 김연아는 몸으로 피겨의 의미를 모두 드러낸다. 피겨라는 하나의 진리가 완성된다.

몸뚱이가 아닌 몸

서양 철학에서 신체는 오랫동안 애물단지 취급을 받았다. 플라톤에서부터 데카르트에 이르기까지 신체는 몸이 아니라 몸뚱이였다. 신체는 정신의 자유를 방해하고 구속하는 거추장스러운 외피에 지나지 않았다. 신체가 없으면 정신은 더 맑은 영혼의 힘을 발휘할 수 있었을 텐데 그놈의 몸뚱이 때문에 정신의 판단이 흐려졌다. 신체는 정신을 통해 통제되고, 조종되는 심부름꾼에 지나지 않았다. 생각하는 주체는 정신이고, 신체는 생각되어지는 대상일 뿐이었다. 메를로퐁티는 이러한 신체에 독립적 지위, 주권을 부여했다.

『지각의 현상학』에서 메를로퐁티는 기존의 생리학적, 심리학적 해석을 모두 거부하고 신체를 혁명적으로 재해석했다. 메를로퐁티에 의하면 신체는 단순한 의식의 전령이 아니라 의식과 세계를 중재하고 매개하는 당당한 주체다. 신체가 없으면 의식도 없고, 세계도 없다. 신체는 세계를 읽고 해석하는 주체다. 신체에 의해 세계는 의미를 획득한다. 신체는 결국 나 자신이다.

신체가 매개하지 않는 세계는 어떤 세계일까? 경험, 감각, 과학이 지배하는 세계다. 이들은 세계를 있는 그대로 드러낼 수 없다. 세계는 곧게 현상되지 않는다. 메를로퐁티는 경험이나 감각, 과학은 "의식의 증언이 아니라 세계의 편견에 기초한다"고 말한다. '본다' '이해한다' '감각한다' 등이 대표적인 것들이다. 색깔을 보는 사람들의 시선은 사람마다 제각각이며, 추위나 더위, 물체의 두께, 습도 등을 느끼는 것도 사람에 따라 천차만별이다. 영하의 날씨에도 덥다고 느끼는 사람이 있는가 하면, 영상의 날씨에서도 추위를 느끼는 사람이 있다. 피부의 노화가 진행된 노인들은 펄펄 끓는 냄비의 뚜껑을 맨손으로 쥐어도 괜찮지만 아이들은 백발백중 화상을 입는다. "나는 너를 이해한다"고 말할 때 그 이해의 폭은 균질하지 않고 사람에 따라 울퉁불퉁하고 거칠다. 극단적으로는 오해를 이해라고 착각하는 경우도 있다. 사물에 대한 인상, 성질, 자극 등의 감각으로는 사물의 본 모습을 그대로 파악할 수 없다. 감각의 개념은 지각의 모든 분석을 왜곡시킨다. 감각은 우리를 속인다. 감각이 아닌 신체에 의해 해석될 때 세계는 비로소 있는 그대로의 모습, 진리를 드러낸다.

가게에 진열되어 있는 스케이트와 피겨를 할 때 신고 있는 스케이트는 본질적 속성이 다르다. 전자는 감각적 '봄'의 대상일 뿐이고, 후자는 신체를 구성하는 부속기관이다. 대상은 우리의 눈앞에 있다. 그러나 신체는 우리와 함께 있다. 대상은 나의 시각의 장에서 멀리 떨어져 있을 수 있고 사라질 수도 있다. 메를로퐁티의 표현을 직접 빌리면 "대상의 현존은 가능한 부재가 으레 따르기 마련이다."

그런데 신체는 다르다. 신체는 나의 대상이 아니라 나의 일부이다. 그렇기 때문에 내 앞에 현존할 수 없으며, 나에게서 부재할 수도 없다. 나는 나의 신체로서 외부의 대상을 관찰하고, 다루고, 검사하고, 조사할 수 있다. 그러나 나는 나의 신체 그 자체를 관찰하거나 조사할 수는 없다. 가게에 진열된 스케이트를 만지는 것과 내 몸에 신고 있는 스케이트를 만지는 것은 만짐의 의미가 다르다. 전자는 대상에 대한 감각적 접촉이지만 후자는 나의 몸짓의 일부다.

그 몸짓으로 김연아는 관객(타인)과 소통하고, 빙상경기장(세계)에 자신을 드러낸다. 나의 신체는 세계의 대상이 아니라 그 대상과 우리와의 의사소통수단이며, 규정된 대상의 총합으로서가 아니라 규정된 모든 사고에 앞서 스스로 우리의 경험에 끊임없이 현존하는 잠재적 지평이다. 의식은 세계, 신체, 타인들과의 내부적인 의사소통이고, 이들 옆에 있는 것이 아니라 이들과 함께 있는 것이다. 의식은 경험 과정에서 확립된 연합의 결과가 아니라 상호주관적 세계에서 나 자신에 대한 전체적인 의식적 파악이다.

신체의 주권은 독재적이지 않다. 세상과 소통하는 호혜적 주권이다. 때로 신체는 타인을 드러내고, 세상을 드러내기 위해 뒤로 물러난다. 영화의 장면이 분명하게 보이도록 하는 데 필요한 영화관의 어둠처럼 자신을 감춘다. 이때의 신체는 몸동작과 그 목표가 풀려나가는 은밀한 힘의 저장소 역할을 한다. 김연아의 신체에 저장된 힘에 의해 점프, 회전과 같은 피겨의 각종 동작들이 차가운 공기를 뚫고 빙상경기장의 공간에 펼쳐진다. 내가 신체를 가지지 않는다면 나에 대하여 공간은 존재하지 않는다. 메를로퐁티는 "존재와 형태들, 지점들이 나타날 수 있게 되는 면전인 비존재의 지대가 나의 신체"라고 말한다. 이 지점에서 메를로퐁티의 신체는 사르트르의 무와 겹친다.

습관은 제2의 천성

메를로퐁티는 『지각의 현상학』에서 심인성 실명心因性 失明 환자의 사례를 면밀하게 추적한다. 그걸 바탕으로 현상학적 지각의 의미와 신체의 비밀을 밝힌다. 메를로퐁티에 의하면 이런 환자들은 추상적 운동(명령에 따라 팔다리를 움직이는 것)을 제대로 수행하지 못한다. 한참 더듬거린 후에야 간신히 수행한다. 그러나 이런 환자들도 모기에 물린 지점은 단번에 발견

한다. 왜냐하면 모기에 물린 지점을 손이 찾아가는 것은 객관적 공간에
서의 위치 짓기의 문제가 아니라 환자 자신의 현상적 손으로 현상적 신
체의 가려운 지점에 도달하는 문제이기 때문이다. 긁는 능력으로서의 손
과 긁는 지점으로서의 물린 지점 사이에서 체험된 관계는 고유한 신체
의 자연적 체계에서 주어지기 때문에 그 활동은 전적으로 현상적인 것
의 질서에서 일어나고 객관적 세계를 거치지 않는다는 것이 메를로퐁티
의 설명이다.

피겨 연기를 하는 도중 김연아가 스핀 동작을 구사하기 위해 다리를
들고 스케이트 날을 쥘 때도 마찬가지다. 그녀는 더듬거리지 않고 단번에
그걸 수행한다. 그녀의 몸은 물리학의 법칙이 적용되는 객관적 세계에
속한 것이 아니라 현상의 세계에 속한 것으로 주어져 있기 때문이다. 메
를로퐁티는 "우리가 움직이는 것은 우리의 객관적 신체가 아니라 현상적
신체"라고 말한다.

『지각의 현상학』에서 메를로퐁티는 또 다른 예를 들고 있다. 이 환자
는 옷을 꿰매는 작업을 하는 중이다. 이때 이 환자가 가위나 바늘을 찾
을 경우 손이나 손가락을 먼저 찾을 필요는 없다. 이것들은 객관적 공간
에서 발견될 수 있는 대상이 아니라 지향적 실마리라는 끈으로 신체와
연결되어 있기 때문에 옷감을 자르거나 꿰맬 순간이 다가오면 신체가 자
동으로 반응해서 가위나 바늘로 향한다. 그리고 환자는 이 동작을 전개
하는 무대와 공간을 더듬을 필요도 없다. 왜냐하면 공간 역시 그에게 주
어지는 실재적 세계이고 '자를' 한 조각의 가죽이며, '꿰맬' 안감이기 때
문이다. 메를로퐁티는 "사람은 자신의 신체이고, 그의 신체는 어떤 세계

의 능력"이라고 말한다. 그런데 이러한 동작들이 가능한 것은 공간이 환자의 동작이 이루어지는 장場내에 들어와 있기 때문이다. 만일 이 환자가 작업을 끝내고 밖으로 나갈 경우 출구의 문이 적당한 거리 내에 있지 않으면 문을 여는 동작을 할 수가 없다. 장애는 운동의 장의 협착에서 성립되며 그 후부터 그 장은 현실적으로 만져질 수 있는 대상들에 국한되고, 정상인이라면 그런 대상들을 포함하고 있을 가능한 접촉의 지평을 배제한다. 우리가 스마트폰으로 메시지를 보낼 때 자판을 보지 않고도 빠른 속도로 글자를 입력할 수 있는 것은 자판이라는 공간을 우리의 신체적 공간에 통합시켰기 때문이다.

모든 청춘이 김연아처럼 될 수는 없다. 그러나 최소한 눈 뜬 봉사가 되지 않으려면 자신의 신체를 부단하게 연마해야 한다. 눈과 귀를 다듬고, 손과 발을 훈련시켜야 한다. 그래야 있는 그대로의 세상을 똑 바로 볼 수 있고, 진리에 다가갈 수 있다.

『지각의 현상학』에 등장하는 환자 슈나이더는 자신을 치료하는 골드슈타인 교수의 집 앞을 지나가면서도 그 집을 알지 못한다. 메를로퐁티는 그 이유를 "그곳에 가고자 하는 의도에서 외출하지 않았기 때문"이라고 말한다. 과녁을 명중시키기 위해서는 활시위를 팽팽하게 잡아당긴 후과녁을 향해 화살을 날려 보내야 한다. 활을 외출시켜야 한다. 화살 통에 갇혀 있는 화살에는 녹만 슨다.

인생의 목표 지점에 도달하기 위해서는 우선 집을 나서야 한다. 스스로의 의식과 신체를 외출시켜야 한다. 외출을 하기 위해서는 옷매무새도 고치고, 거울도 보고, 얼굴도 매만져야 한다. 자신을 가꾸고 살찌우는 일을 게을리 하면 몸과 마음은 영원한 과거에 갇힌다. 내 인생 역시 한계에 가로막혀 더 나아가지 못한다. 습관은 제2의 천성이라는 말이 있듯이 신체를 아름답게, 강하게 가꾸는 가장 좋은 방법은 내 몸에 유익한 습관을 들이는 것이다. 김연아가 피겨로 세계를 제패한 것은 피겨 하는 습관을 몸에 잘 익혔기 때문이다. 좋은 습관이 몸에 붙으면 내가 어떤 대상을 잡고자 할 때 내 신체가 알아서 그 대상을 향해 벌떡 일어선다. 그리고 주체적으로 능력을 발휘한다. 나의 신체의 중요한 영역들은 신체의 그 행동에 헌신하고 행동이 가지는 가치에 동참한다. 메를로퐁티의 말을 직접 옮기면 "습관은 신체가 새로운 의미에 침투당하고 세계를 완벽하게 이해하고 그것에 동화되고 가치를 함께 공유하는 것이다." 내 몸이 게을러지려고 할 때 메를로퐁티를 기억하자.

빛의 아우성과 꿈꾸는 선線

"화가가 그리는 것은 거울에 비친 이미지가 아니라
시 지각에 포착된 자신의 세계다."

메를로퐁티는 『눈과 마음』에서 내게 보이는 세상과 내가 보는 세상의 현상학적 차이를 다시 한 번 살핀다. 이번에는 소재가 사람이 아니라 그림이다. 『눈과 마음』은 생전에 그가 남긴 마지막 저서다. 죽음을 예감했기 때문일까? 비장한 애상마저 엿보인다.

보는 것과 응시하는 것

내게 보이는 세상과 내가 보는 세상의 차이는 뭘까? 책 제목 그대로다. 눈으로 보는 것과 마음으로 보는 것의 차이다. 눈으로 보는 것은 사물을 과학적 틀로 보는 것이다. 과학은 보는 것을 빛의 작용으로 파악한다. 우리가 사물을 보는 것은 빛에 의해 굴절된, 혹은 반영된 사물의 이미지가 우리 눈에 비쳐지기 때문이라는 것이 과학의 설명이다. 과학에 따르면 사물은 우리가 보는 것이 아니라 빛의 도움으로 우리에게 보여지는 것이다.

메를로퐁티는 이러한 과학적 이론을 신뢰하지 않는다. 아니 배격한다. 과학이 말하는 사물은 조작되고 변형된 사물이며, 따라서 사물의 실재와는 거리가 멀다는 것이 메를로퐁티의 기본적인 생각이다.

> 과학은 사물들을 조작하며, 사물들에 거주하기를 포기한다. 과학에서는 정의상on definition 모델이 허용하는 만큼의 변형이 가해진다. 그러면서 과학과 현실 세계와의 거리는 점점 더 멀어진다.

메를로퐁티는 과학적 모델을 쓰는 것은 무엇이 걸릴 지도 모르면서 바다에 그물을 던지는 것과 같다고 말한다. 매우 시니컬한 비유다.

이에 비해 마음으로 보는 것은 눈이라는 생체기관에 생각을 실어 사물을 지향하는 것이다. 그래서 메를로퐁티는 시각과 시 지각을 분리한다. 눈으로 보는 것을 시각이라 하고, 마음으로 보는 것을 시 지각이라 한다. 시 지각은 단순하게 사물을 보는 것이 아니라 능동적으로 파악하는 행위다. 마음이 실린 '봄seeing'은 우리말에도 다양하게 등장한다. '응시하다', '주시하다', '지긋이 바라보다', '뚫어질 듯이 쳐다보다' 등의 표현이 바로 마음이 실린 시선들이다. 메를로퐁티가 말하는 눈은 정보를 받아들이고, 처리하는 기계가 아니다. 눈은 세상을 응시하고, 뚫어지도록 쳐다보는 신체의 또 다른 주인이다.

세계의 우물과 우주의 거울

화가는 시각이 아니라 시 지각으로 사물을 바라본다. 그림은 세속적 시각이 보이지 않는다고 간주하는 것들을 보이는 존재가 되게 한다. 메를로퐁티는 "회화를 통해서 우리는 근육 감각 없이도 세계의 입체성을 얻을 수 있다"고 말한다.

화가는 눈-기계가 아니라 몸-주체를 가지고 있다. 눈이란 단순히 대상을 기계적으로 인식하는 데 그치는 게 아니라, 그 자체로 주체와 일체화되어 대상을 사유하는 데 기여한다. 그리고 자기 몸을 세계에 빌려주고 세계를 회화로 바꾼다. 메를로퐁티는 "과학은 세상을 내려다보는 사유를 중단하고, '있다'의 세계로 돌아와야 한다"고 촉구한다. '있다'의 세계는 나와 타인이라는 존재가 서로에게 출몰하는 장소이며, 우리의 몸이 만나는 곳이다. 우리의 삶이 펼쳐지는 현장이며, 일상적 노동이 이루어지는 가공되지 않은 날것의 세계다. 회화는 이러한 세계의 우물에서 의미를 길어낸다.

빛, 조명, 그림자, 반사, 색 등은 온전하게 실재하는 존재가 아니다. 유령처럼 오직 시각적인 존재만을 갖고 있을 뿐이다. 메를로퐁티는 "이러한 것들은 세속적 시 지각의 문지방에 서 있을 뿐이며, 모두의 눈에 보이는 것은 아니다"고 말한다. 화가의 시선은 이들에게 묻는다. "너희들이 도대체 무슨 조화를 부리기에 이 세계에 바다가 생기고, 숲이 생기고, 별이 생겨났단 말이냐?" "너희들이 무슨 요술을 부리기에 꽃은 꽃으로 보이고, 나무는 나무로 보인단 말이냐?" 화가의 이 질문에 답을 주는 것이 바로 시 지각이다. 시 지각에는 통찰력이라는 더듬이가 달려 있다. 이

더듬이로 화가는 우주의 질서를 읽고 그 속에 들어 있는 암호를 캐낸다. 시 지각은 몸에게 주어진 기호들을 엄밀하게 해독하는 사유다. 화가에게 시 지각이 없으면 우주는 뒤죽박죽 엉망진창이 되고 만다. 그래서 시 지각은 화가에게 우주의 거울이다.

화가가 그리는 것은 거울에 비친 이미지가 아니라 시 지각에 포착된 자신의 세계다. 거울에 비치는 것들은 사물들의 분신이다. 이것은 비현실적인 대상이다. 마치 공의 튀어오름과 같은 사물의 이형異形에 불과하다. 실물이 아니라 사본이다. 거울에 비친 내 모습은 내가 아니라 나의 마네킹이다. 나의 피와 살을 가진 몸이 아니다. 메를로퐁티는 이것을 동판화에 비유한다. 동판화가 숲, 마을, 사람, 전투, 폭풍을 아무리 생생하게 우리에게 재현한다고 해도 동판화는 숲, 마을, 사람, 전투, 폭풍과 비슷하지 않다. 동판화는 종이 위에 여기저기 찍혀 있는 잉크 자국일 뿐이다. 그것은 눌린 형상, 왜곡된 형상, 조작된 형상이다. 동판화와 마찬가지로 빛이 우리 눈에 그리는 것, 눈을 거쳐 우리 뇌에 그리는 것은 우리가 보는 세계와 유사성이 없다.

그림으로 시간을 건넌다

회화는 색과 선으로 우주의 또 다른 차원을 보게 한다. 그래서 그림은 '구멍 뚫린 존재'라 불리며, 다른 차원을 들여다볼 수 있는 창문이라고도 한다. 메를로퐁티에 의하면 화가는 사물들의 피부를 찢음으로써 사물들이 어떻게 사물들이 되고 세계가 어떻게 세계가 되는지를 보여준다.

그림에서는 색과 선을 뚫고 의미들이 솟아오른다. 한편의 시에는 창작된 것 같지 않은 구절들, 마치 저 혼자 생성된 것만 같은 구절들이 있다. 회화에도 마찬가지다. 색들의 틈새로 무언가가 저절로 기어 나온다. 메를로퐁티는 그래서 예술을 알아듣기 힘든 빛의 아우성 같은 것이라고 말한다. "빛의 목소리 같은 그런 외침은 숨겨진 힘들을 간직한 일상적 시 지각 속에서 존재 이전의 비밀을 일깨운다."

세잔*은 "색은 우리 뇌와 우주가 만나는 곳"이라고 했다. 세잔의 말처럼 회화에서 색은 존재의 깊이를 탐색하는 우주 탐사선이다. 그리고 선은 사물의 윤곽과 경계를 긋는 기하학적 선이 아니라 사물들을 탄생시키는 우주의 청사진이다. 인상파들은 회화에서 모든 선을 배제했다. 그러나 문제는 선의 추방이 아니라 선을 해방시키는 것, 선의 구성력을 살리는 것이다. 메를로퐁티는 "클레**"에 와서 선이 다시 부활했다. 클레는 선을 꿈꾸게 만들었다"고 말한다.

메를로퐁티가 말하는 시 지각은 무한한 상상력으로 귀착된다. 시 지각이 있기 때문에 우리는 창문을 열고 우주를 내다본다. 시 지각이 있기 때문에 우리는 시공간을 넘나들면서 세계를 내 마음대로 배열한다. 서울 남산 타워에 있으면서 파리의 에펠탑에 있다고 상상할 수 있는 것도, 태양과 별을 내 손으로 만질 수 있는 것도 우리에게 시 지각이 있기 때문이다. 그리고 우리는 시 지각이 있기 때문에 그림 속에서 시간을 건넌

---

* 폴 세잔은 19세기 후반에 활동한 프랑스의 화가이다. 현대미술의 아버지라고도 불리며, 입체파의 화풍에 영향을 주었다.
** 파울 클레는 20세기 초에 활동한 스위스의 모더니즘 화가이다.

다. 그림 속에서 몸의 부분은 시간대를 달리하면서 존재하지만 몸의 통일성 안에서 계속 눈에 보인다. 그래서 시간을 건넌다. 그림과는 달리 사진에서 우리는 시간을 건널 수 없다. 사진은 시간의 흘러감, 겹쳐짐, 변신을 파괴한다. 그래서 메를로퐁티는 로댕의 말을 빌려 이렇게 말한다. "진실된 것은 화가이고, 사진은 거짓말쟁이"이다. 그림은 침묵의 소리다. 침묵은 사물의 봉인을 뜯지 않은 채로 그림 속으로 들어와 우주의 모든 세대들과 서로 소통한다. 진정한 화가는 자기가 선호하는 문제들과 늘 씨름한다. 이 과정에서 그는 자기도 모르게 다른 모든 문제의 조건들을 건드린다. 그리고 새로운 가치를 창조한다. 메를로퐁티는 과학자들에게 묻는다. "너희들이 이룬 게 고작 이거냐?"고.

파울 클레의 〈세네치오〉
메를로퐁티는 파울 클레의 그림이 "선을 꿈꾸게 했다"고 말한다.

2. 청춘의 자화상

나는 얼마나 똑똑한가?

"이성은 오만이라는 독을 먹고 자란다.
스스로 똑똑하다고 생각하는 사람들이 귀담아 들어야 될 충고다."

인문학의 학문적 본령은 똑똑한 인간을 키우는 것이다. '나는 얼마나 똑똑한가?'라는 물음에 자신 있게 대답할 수 있는 청춘이 얼마나 될지 모르겠다. IQ테스트를 해서 높은 점수를 받았다고 해서 그 사람이 똑똑한 인간이라고 결론지을 수는 없다. 학교 성적, 입시 성적, 입사 성적도 마찬가지다. 성적과 똑똑함이 어느 정도 비례관계에 놓여 있는 것은 부정할 수 없지만 성적이 높다고 똑똑하다고 할 수는 없다. '머리 좋은 사람'과 '똑똑한 사람'은 다를 수가 있기 때문이다. 전자는 계산이 빠르고, 문제 풀이에 능한 유형이다. 이에 비해 후자는 세상 이치에 밝고, 분별력이 뛰어난 사람이다. 아르투르 쇼펜하우어Arthur Schopenhauer의 『의지와 표상으로서의 세계』는 청춘이 스스로의 똑똑함을 진단할 수 있게 해주는 최적의 고전이다. 쇼펜하우어의 논점을 좇아가면서 인문학에서 말하는 똑똑함의 기준이 뭔지, 그리고 그 기준에서 볼 때 나는 얼마나 똑똑한지 한번 체크해보자.

개념 시구와 미친 존재감

이치에 맞지 않게 행동하는 사람을 보고 우리는 '개념 없다'는 표현을 자주 쓴다. 반면 프로야구 경기가 시작되기 전 시구를 하는 연예인이 선수 뺨치게 잘 던지면 '개념 시구'라고 한다. 누가, 언제부터 이 말을 쓰기 시작했는지는 정확하게 알 수 없지만 이 말의 뜻을 모르는 청춘은 아무도 없을 것이다. 그만큼 보편적으로 쓰이고 있다. 그런데 이 말은 상황을 얼마나 잘 표현하고 있을까? 쇼펜하우어의 논리에 따르면 이 문장은 '퍼펙트'하다. 즉, 상황의 본질을 정확하게 꿰뚫고 있는 표현이다. 『의지와 표상으로서의 세계』에서 말하는 표상은 사유에 의해 내 마음속에 떠올려진 세상의 이미지image를 뜻한다.

쇼펜하우어에 의하면 세계의 모든 존재는 마음의 표상으로부터 시작된다. 표상이 없으면 세상은 존재하지 않는다. 그래서 쇼펜하우어는 이 책의 첫 줄에서 '세계는 나의 표상'이라고 선언한다. 그런데 마음속에 들어온 이 표상은 그 후 인간이 사용하는 언어에 의해 여러 가지로 이름이 붙여진다. 텅 빈 넓은 공간으로 표상된 세계를 우리는 우주 혹은 하늘이라고 하고, 그곳에서 표상된 밝게 빛나는 물체를 태양, 달, 별 등으로 이름 짓는다. 같은 원리에 의해 개, 고양이, 꽃, 돌, 바다 등의 이름도 붙여진다. 표상된 구체적인 것을 쇼펜하우어는 개념이라고 말한다. 개념은 세상

의 이러 저러한 표상들이 섞이지 않고 잘 분별되도록 정리해주는 역할을
한다. 즉, 개념의 고유한 덕목은 분별력에 있다. 따라서 '개념 없다'는 말
은 '분별력이 없다'는 말과 정확하게 일치한다. 나는 평소에 얼마나 개념
있게 행동하는가? 스스로 반추해보면 자신이 똑똑한지 그렇지 않은지를
알 수 있다.

축구 시합이나 야구 경기를 할 때 제 역할을 다하지 못하는 선수들을
두고 우리는 '존재감이 없다'는 표현을 쓴다. 반면 그라운드를 지배하면
서 펄펄 나는 선수는 '미친 존재감'이 느껴진다고 말한다. 이 존재감이라
는 말로 우리 자신의 똑똑함을 판별해볼 수 있다. 쇼펜하우어에 의하면
세계의 존재를 결정하는 기본적인 두 가지 요소는 '시간'과 '공간'이다.

A라는 물체가 있을 때, 이 물체는 어느 특정 시점의 특정 공간에 위치
한다. 그렇지 않고서는 존재할 수 없다. 특정 시점과 공간에 위치한 이 물
체는 내가 주관적으로 의식하면서부터 내 마음속에 표상되고, 비로소
존재감을 획득한다.

시간과 공간은 존재의 객관적인 조건이고, 대상의 인식은 존재의 주관
적인 조건이다. 시공간의 함수로 존재하는 사물들의 좌표를 올바르게 읽
어야 내 마음속에 정확하게 표상될 수 있다. 인식 능력이 떨어지면 사물
에 대한 존재를 제대로 포착할 수 없게 된다. 그러한 나를 내 스스로 똑
똑하다고 생각할 수는 없을 것이다. 타인이 나의 존재감을 인식하는 것
도 마찬가지다. 내가 내 위치를 정확하게 포착하고 제 자리를 찾아갔을
때, 그곳에서 별처럼 반짝일 때, 타인이 나의 존재감을 제대로 확인할 수
있게 된다. 업무와는 무관한 엉뚱한 곳에 나를 위치시키거나, 제 자리에

가 있더라도 빛(능력)을 발휘하지 못하면 나는 타인의 눈에 띄지 않게 된다. 축구 선수가 90분 내내 쉴 새 없이 그라운드를 누벼도 위치 선정이 잘못되면 골을 넣거나 도움을 줄 수가 없고, 관중들은 그를 주목하지 않을 것이다.

똑똑함과 오만함

사람과 개를 3미터 정도 되는 높이의 담벼락 위에 같이 올려놓는다고 가정해보자. 개는 아래를 보며 부들부들 떨 것이다. 거기서 뛰어내리면 다리를 다친다는 사실을 직관적으로 알기 때문이다. 그러나 사람은 '이 정도 높이쯤이야' 하면서 훌쩍 뛰어 내린다. 다리를 다치지 않고 착지에 성공할 수도 있지만 높이를 제대로 가늠하지 못해 다리를 다치는 경우도 있다. 행군을 하다가 자신의 체중을 감당하지 못할 것 같은 허술한 다리를 보면 그 앞에서 버티는 코끼리도 있다고 한다. 이때 만일 코끼리를 몰고 가던 사람이 채찍으로 코끼리를 다리로 내몰면 어떻게 될까? 코끼리의 직관이 맞는다면 둘 다 추락 사고를 당할 것이다. 인간의 직관력은 개나 코끼리와 같은 동물보다 못한 경우가 허다하다. 인간의 직관력은 훈련에 의해서 배양할 수 있다. 그러나 한계가 있다. 예술가 집안에서 예술가가 많이 탄생하듯이 직관력은 본성적으로 타고나는 경우가 많기 때문이다.

　따라서 인문학의 본령이라고 하는 똑똑함은 직관력보다는, 표상된 것들로부터 개념을 정립하고, 이를 통해 사물과 사물과의 관계를 추론하고, 그 속에 담긴 이치를 판단하는 추상력에 더 많이 연관되어 있다. 인간의 추상력은 동물들이 절대 따라오지 못하는 경지에 있다. 동물들도 중력의 법칙과 같은 자연의 힘을 직관으로 알 수는 있지만, 그걸 토대로 복잡한 수식을 세우거나 기계장치를 만드는 일을 할 순 없다. 동물에게는 추상하는 능력이 없기 때문이다. 쇼펜하우어는 직관력은 오성의 힘이며, 추상력은 이성의 힘이라고 구분한다. 동물에게도 오성적 능력이 있지만 이성적 능력은 인간에게만 있는 것이다. 전통적인 범주의 인문학은 오성의 함양보다는 주로 이성의 함양에 관계한다. 오성은 자연과학, 예술의 영역에 적합하다.

오성은 정확히 말해 '이성'과는 구별되는 대상구성 능력이다. 즉 직관적으로 대상을 인식하고 그 대상에 대해 추론하는 능력이다. 앞서 설명했듯이 여기서 이성은 직관적 능력보다는 추상적인 개념을 확장시키고 개념과 개념의 연관을 해명하는 능력이라고 할 수 있다.

물론 인문학의 범주를 확장할 경우 오성적 능력도 똑똑함의 기준이 될 수 있다. 오성적 능력이 뛰어난 사람은 예민한 사람, 즉 촉이 발달한 사람이고, 그것이 부족한 사람은 우둔한 사람이다. 우둔한 사람보다는 예민한 사람이 똑똑함의 기준에 더 가까울 수 있다.

오성에 의해 올바로 인식된 것은 사물의 실재성이다. 인과 관계가 명확하게 인식되기 때문에 그것은 사물의 실재에 부합한다. 오성의 기만으로 실재성이 왜곡된 것을 쇼펜하우어는 가상이라고 부른다. 오성의 활동은 반성적이거나 추론적이지 않고 직접적이고 매개가 없기 때문에 그릇된 원인이 직관된 객관으로 우리 눈앞에 나타나게 되는 경우가 자주 있다. 이것이 바로 가상이다. 물속에 들어간 막대기가 굴절되어 보이는 것과 사물이 실제보다 멀리 보이는 볼록렌즈가 대표적인 사례다. 쇼펜하우어는 자연과학적 원리를 제대로 깨달아 가상을 실재와 구분할 수 있는 사람이 더 똑똑한 사람이라고 말한다.

이성적 능력이 뛰어난 사람이 그렇지 않은 사람보다 진리를 발견할 가능성이 더 높다. 그래서 이성을 똑똑함의 기준으로 삼는 것은 매우 자연스럽다. 그러나 직접적 인식에 근거하는 오성과는 달리 이성은 간접적인 추론에 근거하기 때문에 오류에 빠질 가능성이 높다. 그러다 보니 이성적으로 똑똑한 사람은 상대적으로 오만과 독선에 더 쉽게 빠지는 경향이 있다. 직관적 표상에서는 가상이 한순간 현실을 왜곡시키지만 추상적 표상에서는 오류가 수천 년을 지배할 수 있기 때문에 그 해독이 더 크다는 것이 쇼펜하우어의 분석이다. 오류로 인한 피해는 아주 간접적이며, 예기치 않은 때에 발생할 수 있으므로, 피해가 없을 것 같은 곳에서도 모든 오류를 찾아내 이를 근절하도록 노력해야 한다고 쇼펜하우어는 충고한다. 모든 오류에는 그 내부에 독이 들어 있기 때문이다. 이성은 오만이라는 독을 먹고 자란다. 스스로 똑똑하다고 생각하는 사람들이 귀담아 들어야 될 충고다.

동물은 미래를 계획할 수 없지만 인간은 이성의 힘으로 미래를 설계할 수 있다. 장래를 예측하고 준비하는 이러한 이성의 능력도 똑똑한 사람의 중요한 특징이다. 그러나 이러한 이성의 능력은 엉뚱한 방향으로 발전할 수도 있다. 인간은 이성의 힘으로 특정 민족을 말살하려는 희대의 학살극을 도모할 수도 있고, 비행기를 폭파하려는 무서운 계획을 세울 수도 있다. 자신을 위장하고, 비밀결사체를 조직하는 것도 결국은 이성이

지시하는 일이다. 머리가 치밀하고 조직적인 사람을 똑똑하다고 하는 것에는 이러한 함정이 숨어 있을 수 있다.

분수를 아는 것

올바른 이성의 힘은 사회적인 것에서 두드러진다. 차이 나는 것들의 본질을 숙고하고 구성원들이 함께 공존하려는 전략을 세우는 것은 이성의 힘이다. 그런데 이성의 속성상 이러한 긍정적 전략은 기대하기가 무척 어렵다. 왜냐하면 이성은 개념을 정립하는 능력이며, 개념을 정립한다는 것은 어느 한 편에 선다는 것을 전제하기 때문이다. 그래서 이성은 공존보다는 배제를 자신의 전략으로 선택하는 경향이 짙다. 고도의 이성적인 판단이 필요한 정치 영역을 살펴보면 이러한 이성의 한계가 분명하게 드러난다.

칼 슈미트의 말대로 정치의 본질은 "적과 동지를 구분하는 것"에 있다. 가장 첨예한 적과 동지의 구분 행위가 바로 선거이며, 현대 정당민주주의는 그 존립 근거를 선거에 두고 있다. 이성은 대중을 배신한다. 우직한 사람보다 똑똑한 사람이 더 쉽게 변절하는 것도 그 때문이다. 이성은 선의와도 협력하지만 악의와도 기꺼이 협력한다. 어느 쪽이든 이성이 개입하면 커다란 효과를 발휘한다. 똑똑하기 때문이다.

똑똑함에 대한 쇼펜하우어의 논증 가운데 특별한 주목을 끄는 대목이 하나 있다. 바로 웃음에 관한 그의 분석이다. 쇼펜하우어에 의하면 웃음이란 어떤 개념과 실재하는 객관 사이의 불일치를 갑자기 알아차린

데서 터져 나오는 정서적 반응이다. 개그로 사람을 웃기는 것에는 모두 이런 전략이 숨어 있다. 사람들의 기대를 뒤집는 반전의 미학이 개그의 본질인 셈이다. 기지, 위트, 재치도 비슷한 맥락의 재능이다. 기대와 반전의 불일치가 클수록 웃음의 강도는 커진다. 흔히 우리가 '빵 터졌다'고 할 때의 웃음은 기대와 반전의 간극이 극대화된 경우다. 기대와 실재의 간극은 말로 표현되든 몸으로 표현되든 본질적으로 아무런 차이가 없다. 말로 하는 개그든 몸 개그든 웃음을 유발하는 효과 면에서는 같기 때문이다. 사람을 웃게 만드는 능력은 공감 능력의 일종이다. 현대 사회에서 공감 능력은 큰 자산이자 매력이다. 유머 감각도 똑똑함의 지표 가운데 하나임에 틀림없다.

똑똑함의 마지막 지표는 분수를 아는 것이다. 쇼펜하우어는 결핍과 고뇌는 물질의 부재에 있는 것이 아니라 욕망과 희망의 과잉에 있다고 말한다.

우리를 불안하게 하고 괴롭히는 것은 많은 사람이나 모든 사람에게 공통된 피할 수 없는 악도 아니고, 손에 넣을 수 없는 재물도 아니다. 다만 인간이 피할 수 있거나 손에 넣을 수 있는 것이 조금이라도 많은가, 적은가 하는 문제에 불과한 것이다. 그러니까, 절대로 손에 넣을 수 없는 것은 물론 상대적으로 손에 넣을 수 없는 것을 손에 넣었을 때 우리 마음이 평온해지는 것이다. 그 때문에 우리의 개성에 일단 덧붙여져 있는 악이나, 또는 우리의 개성이 어쩔 수 없이 단념해야 하는 재물은 아무래도 상관없는 것으로 고찰되며, 그리고 이러한 인간의 특성에 따라 모든 소망은 이내 소멸되며, 희망이 고통에 영양분을 주지 않으면 더 이상 고통도 생길 수 없는 것이다. 이 모든 사실에서 모든 행복은 우리의 요구와 우리가 얻는 것 사이의 관계에 달려 있음을 알 수 있다. 이러한 관계의 양쪽 크기가 얼마나 크고 작은가는 아무래도 상관없으며, 그 관계는 전자의 크기를 줄일 뿐만 아니라 후자의 크거를 늘려서도 회복될 수 있다.

사람은 누구나 행복해지기 위해 산다. 행복은 인생의 궁극적인 목적이다. 자신이 행복해지는 길을 아는 사람은 그렇지 않은 사람보다 더 똑똑하다. 따라서 자신의 분수를 깨닫고, 자신의 키 높이에 맞게 욕망을 조절할 줄 아는 사람이 진정으로 똑똑한 사람이다.

나는 얼마나 강한가?

"나의 민낯을 드러낼 용기가 있을 때 삶의 의지에 충만해질 수 있다."

비스듬하게 경사가 진 언덕길에 자동차가 한 대 세워져 있다. 자동차에서 뒤쪽으로 5m 정도 떨어진 곳에는 세 살 난 꼬마가 장난감을 가지고 놀고 있다. 그런데 갑자기 자동차가 언덕길을 미끄러져서 후진하기 시작한다. 어설프게 당겨놓은 사이드 브레이크가 풀린 것이다. 아이가 자동차에 깔려서 즉사할 수도 있는 아찔한 순간이다. 그렇지만 아이는 무사하다. 옆에 있던 어머니가 순간적으로 두 손으로 자동차를 정지시켰기 때문이다. 어떻게 이런 기적 같은 일이 가능할까? 어머니의 힘 때문이다. 아니 의지 때문이다.

쇼펜하우어에 의하면 이 세상은 자기 자신의 의지의 표상이다. 어머니가 굴러 내려오는 자동차를 두 손으로 막을 수 있는 것도, 인간이 하늘을 나는 것도, 달에 착륙하는 것도 모두 의지의 표상이다. 의지는 나도 모르는 사이에 불끈 솟아올라 나의 행동을 결정짓는 보이지 않는 힘이다. 베르그송이 말하는 엘랑비탈이 창조의 근원적 힘이듯이 쇼펜하우어가 말하는 의지는 삶의 근원적 힘이다. 눈에 보이지 않고, 손으로 잡을 수는 없지만 만물을 생성, 생장케 하는 에너지다. 이것은 물리학에서 말하는 중력이나 인력과 같은 힘과는 다른 개념이다. 자연력은 의지가 객관화되어 나타난 양태일 뿐이며, 그 근원에는 의지가 숨어 있다. 쇼펜하우어가 말하는 의지는 칸트가 말하는 물자체^{Dingansich}와 같은 개념이며, 힘의 힘이다.

바디라인과 의지

단백질은 육신의 살을 찌우지만 의지는 육신의 살을 조절한다. 요즘의 청춘은 몸매에 신경을 많이 쓴다. 매력적인 바디라인을 만들기 위해 1년 짜리 헬스클럽 회원권을 끊는다고 할 때 나에게 멋진 몸매를 선물해주는 것은 헬스클럽 회원권이 아니라 내 의지다. 의지가 박약하면 운동을 이내 포기하고 말 것이므로 회원권은 아무 소용이 없게 되며, 멋진 몸매도 물 건너간다. 그래서 쇼펜하우어는 신체를 의지가 객관화된 것이라고 말한다. 새벽의 여명도 대낮의 광선도 햇빛이라는 이름을 공유하듯이 자연계의 물질이나 인간의 신체도 똑같이 의지라는 이름을 공유한다는 것이 쇼펜하우어의 설명이다. 내 가슴, 내 다리, 내 손을 거울에 한번 비춰보자. 거기에 내 의지가 있다. 나는 얼마나 강한가?

쇼펜하우어가 말하는 의지라는 관점에서 볼 때 식물과 동물, 인간 가운데 가장 소박한 것은 무엇일까? 식물이다. 그 다음에는 동물, 인간이 가장 덜 소박하다. 식물에게는 맹목적인 삶의 의지만 있을 뿐 겉치레는 없다. 그래서 식물은 자신의 치부를 적나라하게 드러낸다. 생식기마저도 눈에 잘 보이는 곳에 위치한다. 개나 고양이와 같은 동물들도 비슷하다. 아무데서나 교미를 하고, 먹고, 배설을 한다.

하지만 인간은 다르다. 삶의 의지를 가리고, 은폐하고, 위장한다. 그래서 인간의 본질이 고스란히 드러나는 경우는 드물다. 나의 민낯을 드러낼 용기가 있을 때 삶의 의지에 충만한 청춘이 될 수 있다. 헬스클럽에서 자신의 부실한 몸매를 부끄러워하거나 힘든 벤치 프레스를 마다하면 멋진 바디라인을 만들 수 없다. 욕망을 적극적으로 드러내고, 고통을 감내하면서, 의지를 고양시켜야 인생의 멋진 몸매를 만들 수 있다.

기회는 공평하다

쇼펜하우어의 설명에 따르면 맹수의 그것과 같은 강한 힘을 가진 의지는 시간과 공간의 함수에서 비켜서 있으며 인위적인 규율, 자연법칙에서도 벗어나 있다. 의지는 스피노자가 말하는 실체처럼 유일무이한 것이며, 그 어떤 외부의 힘이나 강제에 의해서도 분할되지 않으며, 통제되지 않는다. 외부의 간섭, 타인의 시선, 심지어는 물리학의 법칙도 그것을 규율할 수 없다. 오로지 자신에 의해 스스로 규정되고, 스스로 존재하며, 지속한다. 따라서 절대적으로 강한 의지는 독립적이고 주체적이다. 내 스스로 찾아낸 삶에는 용솟음치는 의지가 있지만 관습적으로 주어진 삶에는 그런 의지가 없다. 타인의 시선을 두려워하지 않고, 때로는 자연의 법칙 마저도 거스를 줄 아는 용기를 가진 청춘만이 삶의 진정한 승자가 될 수 있다. 체면을 중시하고, 손에 구정물 묻히는 험한 일을 마다하고, 스타일 구기는 일에는 질겁하는 청춘에게는 미래가 없다. 그런 자세로는 진정한 삶의 목표에 도달할 수 없다. 쇼펜하우어의 말처럼 진리에 이르기 위해서는 때로 스타일도 구기고, 손에 구정물도 묻히고, 체면도 구길 수 있어야 하며, 식물처럼 소박해져야 한다.

> "진리란, 커다란 돌 더미 아래에서 싹이 트지만 그럼에도 돌아가고 굽어지는 온갖 고생을 하며 빛을 향해 기어 올라가고, 볼품없게 되고, 색이 바래지고, 위축되면서도, 그럼에도 빛을 향해 나아가는 식물과 같다."

세상이 불공평하다고 불만을 토로하는 청춘이 많다. 금수저, 흙수저로 나눠 자신의 처지를 한탄한다. 실제로 세상은 불공평한 것처럼 보인다. 그러나 쇼펜하우어에 의하면 기회란 자연법칙과 같다. 그래서 공평하다. 다만 그것의 발현이 다를 뿐이다. 이것을 결정하는 요인은 의지다. 하찮은 시냇가의 돌에도 중력과 전기적 능력, 화학적 특성이 고르게 부여되어 있다. 인간도 마찬가지다. 굶주리고 헐벗은 거지에게도, 거리의 부랑아에게도 예술적 감각, 신체적 능력, 수학적 재능이 주어져 있다. 다만 이것을 어떤 형태로 계발해서 외부에 드러나게 할 것인지는 전적으로 사람의 의지에 달려 있다. 숨어 있는 잠재적인 의지를 끄집어내면 자동차도 세우고, 태산도 옮길 수 있다. 똑같이 불우한 환경에서 자라도 성공하는 자식이 있고, 실패하는 자식이 있다. 같은 핏줄을 타고 나도 어떤 사람은 인류를 위해 봉사하고, 어떤 사람은 공동체의 평화를 파괴하는 데 앞장선다. 삶은 팔자소관이 아니라 의지 소관이다. 환경을 탓하는 청춘은 자신을 구름과 같이 취급하는 것이다. 구름은 바람이 불면 부는 대로, 해가 비치면 비치는 대로, 일관성이 없이 이리 저리 흔들리고, 수시로 변한다. 그러나 강철 같은 의지를 가진 청춘은 결코 환경을 탓하지 않는다. 이런 사람은 굳건한 바윗돌처럼 일관성을 가지고 묵묵하게 자신의 길을 걸어간다. 구름처럼 살 것인지, 바윗돌처럼 살 것인지, 선택은 청춘의 몫이다.

의지의 기중기, 메카네

쇼펜하우어는 뱀이 용이 되려면 반드시 어떤 뱀을 집어삼켜야만 한다고 말한다. 멋진 바디라인을 갖기 위해서는 과거의 부실한 신체를 집어삼켜야 한다. 그것을 그대로 간직한 채 신체의 환골탈태를 기대할 순 없다. 새로운 삶을 살기 위해서는 과거의 잘못된 습관과 결별하려는 강인한 의지가 필요하다. 쇼펜하우어는 이것을 실행해주는 의지의 도구를 메카네, 즉 기중기라고 표현한다. 더 높은 단계로 진화하기 위해서는 자신의 기중기로 무거운 철근을 들어 올릴 수 있어야 한다. 물질은 자신에 맞서는 힘들의 투쟁 속에서만 자신의 존재를 갖게 되듯이 인간도 마찬가지다. 의지의 견인력으로 자신의 신체와 정신, 아비투스*에 고착된 삶의 불가입

---

* 피에르 부르디외의 사회학적 개념. 쉽게 말해 개인의 문화적 성향이라 볼 수 있다. 문화적 성향은

성, 반발력을 제거해야 한다. 덕지덕지 달라붙은 저항은 의외로 강하다. 어지간한 의지로는 극복하기 어렵다. 야수 같은, 강철 같은 의지만이 이걸 해낼 수 있다.

쇼펜하우어는 자연을 대우주, 인간을 소우주에 비유한다. 사람은 누구나 자신의 의지로 대우주인 자연을 완벽하게 인식하고, 호흡하고, 이용한다고 말한다. 동양 사상의 향취가 느껴진다. 이러한 의지의 본질은 어떻게 느낄 수 있을까? 쇼펜하우어는 주역에서 말하는 변화와 생성의 원리 속에서 의지의 원형을 찾고 있다. 즉, 영원한 생성, 끝없는 흐름 속에서 의지의 의지가 드러난다는 것이 쇼펜하우어의 설명이다. 인간의 삶도 마찬가지라고 본다. 어떤 소망이 있으면 그 소망을 목표로 설정하고, 그 목표가 달성되면 그 소망은 소멸되고, 또 다른 소망이 생기고, 이렇게 삶은 무한히 반복되면서 전진한다는 것이다. 그래서 쇼펜하우어는 무언가 바라고, 노력할 것이 남아 있을 때가 가장 행복한 때라고 말한다. 청춘도 그렇다. 학점을 따기 위해 공부하는 것이 힘들다고 느껴질 때가 많지만 막상 학점을 다 채우고 나면 허전해진다. 캠퍼스 안에 있을 때가 청춘에게는 그래도 가장 행복한 때다. 그곳을 벗어나면 곧 정글이다. 준비하지 않는 청춘에게는 정글의 낙오가 기다린다.

개인이 선택하기보단 구조에 의해 형성된다고 하는 개념이다.

청춘의 불안은 왜 달콤한가?

"인간은 누구나 불완전하고 결핍된 존재이기 때문에
무언가를 끊임없이 채우려고 욕망하고 기다린다."

막이 오르면 두 남자가 무언가를 한없이 기다린다. 기다림의 대상도, 장소도, 시간도, 목적도 정해져 있지 않지만 그들은 무작정 기다린다. 그들이 기다리는 것이 무엇인지는 끝내 밝혀지지 않는다. 그리고 그들이 기다리던 것은 끝내 오지 않는다. 기다림의 종말은 배신이다. 한 사내는 장님이 되고, 또 다른 사내는 벙어리가 된다. 한 사내가 외친다. "아무도 오지도, 가지도 않고, 아무 일도 일어나지 않고, 정말 끔찍하다."

사무엘 베케트의 『고도를 기다리며』는 삶의 실존적 모습을 '기다림'이라는 키워드에 담았다. 인간은 삶의 매 순간 무언가를 기다린다. 그들이 기다리는 것은 행복일 수도 있고, 사랑일 수도 있고, 혹은 죽음일 수도 있다. 그것이 실현될 수도 있고, 그렇지 않을 수도 있지만 기다림을 한 순간도 놓치지 않는다. 그것은 인간의 숙명이면서 존재의 증거이기도 하다. 기다림이 없는 삶은 이미 죽은 삶이다.

불안이라는 거미줄

청춘도 항상 무언가를 기다린다. 사랑을 기다리고, 취업을 기다리고, 결혼을 기다린다. 이것들을 기다리는 청춘의 심정에는 환희, 조마조마함, 설렘의 감정이 복합적으로 배어있다. 그러나 이러한 바람들의 이면을 깊숙이 들여다보면 그곳에는 또 다른 무엇이 있음을 알게 된다. 바로 불안의 그림자다.

왜 그럴까? 기대하는 미래가 오지 않을 수도 있기 때문이다. '그녀가 혹시 데이트 신청을 거절하면 어쩌지?', '면접에서 떨어지면 어쩌지?', '결혼한 후에 그 사람이 바람을 피우면 어쩌지?' 하는 불안감은 환희, 조마조마함, 설렘이라는 감정의 심연에 뿌리박혀 있다. 기다리면서 불안해하고, 불안해하면서 기다리는 것은 인간 실존의 모습이다.

인간은 누구나 불완전하고 결핍된 존재이기 때문에 무언가를 끊임없이 채우려고 욕망하고 기다린다. 인간은 불안으로 기다림을 표현한다. 사람이 벗어나고 싶은 상태가 불안으로 드러나기 때문이다.

삶에서 이러한 불안을 근본적으로 떨쳐버릴 수 있는 사람은 아무도 없다. 쇠렌 키르케고르^{Søren Kierkegaard}가 『불안의 개념』에서 말하는 불안은 이러한 존재론적 불안감이다. 불안은 도처에 거미줄처럼 널려 있다. 하루 스물네 시간의 삶 자체가 불안의 연속이고, 인생은 결코 불안이라는 거미줄을 벗어나서 살 수 없다. 그러나 거미줄을 뒤집으면 그곳에 희망이 있고, 기다림이 있고, 환희가 있다. 그래서 불안은 이중적이다.

자유의 현기증과 반성적 삶

인생은 매사가 선택이다. 선택은 나의 자유다. 나는 오른쪽 길을 선택해서 갈 수도 있고, 왼쪽 길을 선택해서 갈 수도 있다. 문과를 선택할 수도 있고, 이과를 선택할 수도 있다. 그래서 자유는 무한한 가능성이다. 그러나 그 가능성은 현실적으로 제약된다. 하나를 선택하는 순간 다른 하나는 포기해야 한다. 그때 자유는 현기증을 느낀다. 키르케고르는 이 자유의 현기증을 불안이라고 표현한다. "불안에는 가능성이라는 이기적 무한이 있다. 이 무한은 달콤한 두근거림으로 함정을 파놓고서 동요를 일으킨다." 현기증을 극복하는 것은 정신의 힘이다. 동요를 일으키는 자유를 정신이 따귀라도 한 대 때리고, 붙잡아서 바로 세우고, 튼튼한 버팀목이 되면 불안을 쫓을 수 있다.

텅 빈 동굴 안에서 가부좌를 틀고 앉는다. 주변은 캄캄하고 고요하다. 나는 내 존재의 심연과 마주한다. 심연에서는 온갖 상념이 밀려온다. 상념의 근저에는 죄의식이 자리 잡고 있다. 당구치고 술 마시는 데 등록금을 날려놓고 엄마한테는 하숙집에서 분실했다고 거짓말 한 일, 늦게 일어나서 수업에 빠져놓고 몸이 아프다고 가짜 진단서를 끊어서 제출한 일, 담배꽁초를 아파트 화단에 함부로 버려서 불이 날 뻔했던 일, 온갖 죄의 상념들이 마음속에서 솟구친다. 그때 갑자기 동굴 위쪽에서 누군가 '네 이놈' 하고 소리치면서 몽둥이로 나를 내리칠 것 같다. 꿈속에서도 나는 단죄당하고 심판될 것 같다. 나는 불안하다.

키르케고르는 불안을 인간의 원죄와 연관시켜 설명한다. 낙원에서 뱀의 유혹에 넘어가 선악과를 따먹은 후 추방된 아담과 이브의 원죄는 인류의 삶과 역사를 지배하는 본원적 불안감이다. 원죄 의식은 불안의 심연을 구성한다. 내 마음의 심연에 자리 잡은 죄의식도 원죄와 같은 메커니즘을 갖고 있다. 인간은 자신이 지은 죄에 대한 심판의 두려움으로 불안감에 떤다. 그러므로 불안은 반성적이라는 속성을 갖고 있다. 그래서 불안은 윤리적 삶의 기초를 이룬다.

갈릴레이 갈릴레오는 지동설을 주장했다가 막판에 철회했다. 이단자가 되어 교황청의 심판을 받는 것이 두려웠기 때문에 자신의 신념을 포기했다. 갈릴레이가 무릎을 꿇은 것은 교황청의 권위가 아니라 불안이었다. 캠퍼스에서 다들 꽉 끼는 바지를 입는데 나만 헐렁한 바지를 입고 다니면 왠지 불안하다. 갈릴레이가 느꼈던 것과 똑같은 이단자 심리 때문이다. 새로운 제품을 기획할 때, 새로운 제도를 도입할 때, 기업이나 정부는 불안하다. 시장에서 실패할 수도 있고, 국민들로부터 외면을 당할 수도 있기 때문이다. 그러나 문명을 창조하는 것은 역사의 이단자들이다. 불안은 창조의 원동력이다.

이브의 불안과 달콤한 불안

키르케고르는 남자보다 여자가 더 불안하다고 말한다. 남자보다 여자가 더 감성적이기 때문이다. 감성은 이성보다 쉽게 다칠 수 있다. 죄의 유혹에 물들기도 더 쉽다. 이브가 뱀의 유혹을 받은 것도 그 때문이다. 그렇다고 여자가 남자보다 물리적 힘이 부족하기 때문에 불안하다는 것은 아니다. 단지 신체 구조상 남자보다 심미적 경향이 더 짙기 때문이다. 이브가 아담보다 더 불안한 것은 한편으로 이브가 아담에게서 파생되어 나왔기 때문이다. 키르케고르는 이브와 아담의 관계를 인류에 확대해서 적용한다. 모든 인류는 파생적이다. 그래서 세대가 이어지면서 사람들의 불안은 그 강도가 증폭된다고 말한다.

그렇다고 산술적으로 죄가 많이 쌓인다고 불안감이 커진다는 뜻은 아니다. 죄가 불안의 요인으로 이행되는 것은 여기에 질적인 비약이 있을 때이다. 엄마의 지갑에서 잔돈을 빼돌리다가 어느 날 지갑을 통째로 훔칠 때 불안감이 질적으로 증폭되는 심리와 같다.

부정한 뇌물을 받아서 검찰의 수사를 받던 정치인이나 기업가, 공무원들이 스스로 목숨을 끊는 일이 가끔 일어난다. 죄를 진 사람은 자신의 치부가 드러나서 세상에 공개될 걸 두려워한다. 공인일수록 그러한 두려움은 더 크다. 대중의 관심과 사랑을 먹고살아가는 공인으로서의 자부심과 명예가 한 순간에 무너지기 때문이다. 그래서 수치심을 피하기 위해 자살을 택한다.

키르케고르는 부끄러움에 내재하는 불안이 가장 강하다고 말한다. "상처 입은 부끄러움은 가장 깊은 고통이며, 개인은 부끄러움으로 죽을 수도 있다." 내 손으로 열심히 일해서 생기는 소득으로 정직하게 살아가는 것이 불안하지 않고 떳떳하게 인생을 살아가는 최선의 길이다. 괜한 재물 욕심 때문에 이름을 더럽히고, 집안을 망치고, 극단적으로 자신의 목숨까지 내놓는 어리석은 일은 절대로 하지 말아야 한다.

불안에는 달콤한 불안도 있다. 에로스적인 사랑에 깃든 불안이 그것이다. 청춘에게는 특히 귀가 번쩍 뜨일 만한 이야기다. 키르케고르는 1840년

레기네 올센이라는 여자와 약혼한다. 그렇지만 아버지로부터 우울증을 물려받은 키르케고르는 결혼을 하게 되면 레기네가 불행해질 것이라 생각하고 파혼한다.

이 사건은 키르케고르의 사상에 큰 영향을 미쳤다. 『불안의 개념』에 등장하는 달콤한 불안이라는 개념도 여자에 대한 키르케고르의 심미적 태도가 투영되어 있다. 달콤함과 불안은 모순된다. 그런데 왜 달콤한 불안일까? 키르케고르는 사랑이 아무리 순수하고 순결하다 해도 거기에는 불안이 동반된다고 말한다. 왜냐하면 남녀 간의 사랑은 본질적으로 에로스이기 때문이다. 남녀의 육체적 결합에는 정신이 관여할 수 없다. 특히 아이가 수태되는 절정의 순간에는 정신이 일체 참여할 수가 없다고 말한다. "정신은 정말로 현존한다. 그렇지만 정신은 에로스적인 것에서는 자신을 표현할 수 없다. 정신은 이 순간 자신을 낯선 이방인이라고 느낀다. 말하자면 정신은 에로스적인 것에게 이렇게 말한다. '친구여, 나는 여기에서 제삼자일 수 없다오. 사정이 그러하니 나는 당분간 숨겠소.' 그런데 이것이 바로 불안이며, 또한 부끄러움이기도 하다. 에로스적인 것이 순수하고, 순진하고 또 아름다울 때, 이런 불안은 우호적이며 상냥하다. 그렇기 때문에 시인들이 달콤한 불안이라는 말을 쓰는 것은 분명히 옳은 일이다."

과거와 현재, 미래는 시간의 연속선상에 놓여 있다. 그러나 실제로 시간이란 순간적 현재로밖에 존재하지 않는다. 과거는 지나간 현재이고, 미래는 오지 않은 현재이다. 이 때문에 키르케고르는 "현재는 영원한 것이며, 충만하다"고 말한다. 역사는 오직 순간과 더불어서만 시작되며, 시간은 끊임없이 영원과 교차하고 영원은 끊임없이 시간 속에 스며든다. 현재와 과거, 미래가 정립되는 것은 이러한 원리에 의해서다. 그런데 미래는 과거를 그 일부로 하는 전체이므로 현재와 과거보다 더 많은 것을 의미한다. 청춘에게 미래는 막막하게만 느껴진다. 취업도, 결혼도 모두 불투명하다. 그래서 불안하다. 그러나 이 말은 미래가 무한한 가능성으로 열려 있다는 뜻도 된다. 키르케고르의 말처럼. "미래는 불안으로 표현되는 영원성이며, 자유성의 표현이다. 가능성은 미래와 정확하게 일치한다."

미래가 불안한가? 그렇다면 현재를 꽉 잡으라. 그러면 미래는 막막한 불안이 아니라 무한한 가능성으로 그대에게 활짝 열릴 것이다.

나는 내 마음의 주인인가?

"정신은 자주 흔들릴 수 있다. 허약하기 때문이다."

세상을 살다보면 마음대로 안 되는 것들이 많다. 그중에서 가장 마음대로 안 되는 것이 바로 마음이다. 마음먹기 나름이라고 하지만 마음먹기는 결코 쉽지 않다. 그래서 세상은 내 마음에 들지 않기 일쑤이고, 나 자신도 내 마음에 들지 않는 경우가 허다하다. 아침에 다르고 낮에 다르고 저녁에 다른 것이 마음이다. 아침에 집을 나설 때의 마음은 파란색이었는데 낮에는 회색으로 변했다가 퇴근해서 집에 돌아올 때의 마음은 검정색인 경우가 많다. 새로 사귄 친구가 나랑 취미가 같아서 학교생활이 마음에 들다가도 숙제를 하지 않아서 선생님에게서 기분 나쁜 소리 한 번 듣고 나면 금세 또 마음은 바뀐다. 말 그대로 우리의 마음은 변화무쌍하다.

흔들리는 마음의 주권

왜 이런 일이 벌어질까? 내가 나의 마음의 주인이 아니기 때문이다. 주인 의식이 확고하면 내 마음을 내 마음대로 움직일 수 있다. 나라의 주권이 튼튼하면 나라가 흔들리지 않듯이 내 마음의 주권이 튼튼하면 나도 흔들리지 않는다. 그런데 불행하게도 대부분의 사람들은 마음의 주권이 매우 약하다. 그래서 하느님에 의지하기도 하고, 산속에 들어가 수행정진을 하기도 한다. 그러나 종교도 수행도 근본적인 해결책은 되지 못한다. 다소간의 위로가 되는 것은 틀림없지만 세파에 시달리다 보면 또 다시 마음의 주권은 흔들린다.

그러면 어떻게 내가 마음의 주인이 될 수 있을까? 인문학은 마음의 독립운동을 제시한다. 나라의 주권을 잃은 사람들이 독립운동을 하듯이 마음의 주권을 잃은 사람들에게는 마음의 독립운동이 필요하다. 국권을 회복하기 위한 독립운동에는 군자금이 필요하지만 마음의 주권을 되찾기 위한 독립운동에는 특별한 군자금이 필요 없다. 책 속에 길이 있기 때문에 많은 돈이 들지는 않는다. 그러나 시간이 많이 걸릴 수는 있다. 일제에 빼앗긴 나라를 되찾기 위해 30년이 넘는 긴 세월이 필요했듯이, 우리 마음의 주권을 되찾는 데도 꽤 많은 시간이 소요될 수 있다.

마음이라는 주머니

마음은 주머니다. 우리의 뇌가 신경세포를 담고 있는 주머니이듯이 마음도 무언가를 담고 있는 주머니이다. 뇌와는 달리 이 주머니에는 눈에 보이지 않는, 즉 비물질적인 것이 담겨 있다. 정신과 감정이 그것이다. 우리의 마음은 정신과 감정이라는 두 가지 요소에 따라 그 모양과 색깔이 결정된다. 점, 선, 면이 모여 도형을 만들 듯이 정신과 감정은 이리 저리 섞여서 우리의 마음을 결정한다. 점과 점을 똑바로 이으면 직선이 탄생하고, 직선 세 개가 평면에서 한 공간을 둘러싸면 삼각형이 된다. 그리고 삼각형의 내각의 합은 두 직각과 같고, 원의 중심에서 원주에 그은 직선은 모두 길이가 같다. 삼각형, 사각형, 원과 같은 여러 가지 도형의 속성을 잘 관찰하다 보면 도형의 마음을 자유자재로 읽을 수 있게 된다. 마찬가지로 정신과 감정의 속성을 잘 관찰하면 우리는 우리 마음을 잘 읽을 수 있게 된다.

마음속에 담겨 있는 첫 번째 요소인 정신부터 한번 살펴보자. 정신은 과연 무엇인가? 정신은 어떤 모양을 하고 있으며, 어떤 특성을 갖고 있나? 삼각형인가, 사각형인가, 아니면 원인가? 정신에는 꼭짓점이 있는가? 정신은 마음속을 자유롭게 드나드는가, 아니면 통행증을 제시해야만 출입이 가능한가? 정신을 차리지 못하고 헤매는 사람을 보면 우리는 '정신 줄을 놓는다'고 하는데 정신에는 줄이 달려 있는가? 그리고 잠에 취해서 비몽사몽인 사람에게 우리는 정신 차리라고 말하는데 정신은 어떻게 차리는 것인가? 정신은 잃어버리고 찾고 하는 물건인가?

정신을 잃어버린 사람에게 나타나는 신체적 특징, 현상을 한번 살펴보자. 정신을 잃어버린 사람은 우선 말을 제대로 못한다. 그리고 신체를 자유롭게 움직이지 못하며, 감각기능을 상실한다. 그러나 가만히 살펴보면, 이들 기능이 완전히 소실되거나 마비되지는 않는다. 의사소통이 가능할

정도로 말을 하지는 못하지만 신음소리 같은 것은 낸다. 말을 알아듣기도 한다. 자기가 좋아하는 선수가 홈런을 치면 신체가 긍정적으로 반응한다고도 한다. 몸을 자유롭게 움직이지는 못하지만 뒤척거리기는 한다. 눈을 아예 뜨지 못하는 사람도 가족이나 친척이 손을 잡으면 살며시 손을 맞잡음으로써 반응을 한다. 이로써 유추할 때 언어기능이나 운동기능, 감각은 정신의 본질적인 속성이라고 할 수 없다. 본질이란 그것이 없으면 존재 자체가 정립되지 않는 무엇인데 정신이 없어도 이들 기능이 살아 있다는 것은, 이것들이 정신의 본질이 아니라는 증거다.

그럼 정신의 본질은 뭘까? 정신을 잃은 사람에게 나타나는 결정적인 특징은 정상적인 사고를 못한다는 것이다. 이 사람은 자신이 응원하는 팀의 전력을 분석할 수 없으며, 회계 장부를 읽은 후 회사의 경영 상태를 진단하고 그에 필요한 의사결정을 내릴 수가 없다. 이러한 정신의 기능을 우리는 포괄적으로 사유思惟라고 한다. 이처럼 정신의 본질적 속성은 사유하는 것이다.

내 마음속에 있는 정신은 스스로 존재하는 것이 아니다. 정신 또한 존재의 원인이 있다. 나에게 육신을 물려준 부모님의 DNA, 정신적 기질, 대한민국의 역사, 사회문화적 특성, 내 가족 등이 나의 정신을 결정하는 요인이다. 나에게 이런 것들을 물려준 정신적 기질들도 마찬가지로 그것이 존재하게 된 이유가 있다. 이렇게 한없이 추리하다 보면 세상의 모든 것들은 스스로 존재하는 것이 아무것도 없다.

그러나 유일하게 아무런 이유 없이 스스로 존재하는 정신이 하나 있다. 자기 자신의 존재 자체는 자신이 존재하는 이유 그 자체인 정신 말이다. 자신의 존재를 제거하면 그 자신도 소멸되는, 따라서 결코 소멸될 수 없고, 영원무궁토록 존속하고 시작도 없고 끝도 없는 존재가 있다. 그게 뭘까? 바로 자연自然이다.

자연은 말 그대로 스스로 존재하는 존재다. 누가 만들어낸 것이 아니라 스스로가 스스로를 존재하게 한다. 그래서 바뤼흐 스피노자Baruch de Spinoza는 자연을 신이라고 표현한다. 스피노자는 종교에서 말하는 '신'과 같은 단어를 사용했지만, 궁극적 존재라는 철학적 의미에서 '신'이라고 이름 붙인 것이다.

삼각형이나 원을 마음속에 떠올려보자. 앞서 사유에 의해 내 마음 속에 떠올려진 세상의 이미지를 표상이라 한다고 말했다. 세상에는 다양한 삼각형이나 원의 모양을 띤 개체들이 존재하지만 원이나 삼각형의 본질이 형상적으로 존재하지 않는다. 마음속에 존재할 뿐이다. 원이나 삼각형에 대한 심상image이 표상될 뿐이다. 즉 완전한 형태의 삼각형이나 원은 사유의 산물일 뿐 현실적인 존재는 아니다. 마음속에서 생각할 수 있는 완전한 삼각형이나 원은 신이나 마찬가지다. 신은 완전한 존재이기 때문이다. 정신은 이처럼 완전한 존재인 신을 생각하는 것이 궁극적인 자신의 존재 이유이다. 그래서 사유는 신의 본질적 속성이다.

정신은 본질적으로 좋은 것, 완전한 것을 추구한다. 사유를 무한히 확장시키다 보면 조금 더 완전한 것, 더 완전한 것, 더욱더 완전한 것, 완벽하게 완전한 것에 대한 생각으로 이어진다. 사유의 끝 지점에 있는 것, 더 이상 완전한 것이 없는 것, 그러한 지점에 이른다. 이 지점에서 정신은 자신의 능력, 존재 이유를 최고조로 발휘한다. 능력을 마음껏 발휘할 때 정신은 최고의 행복감을 느낀다. 더 이상 자신을 제한하는 것들이 없게 될 때 정신은 비로소 완벽한 자유를 느낀다. 따라서 정신의 최고선, 최고의 행복, 궁극적인 자유는 신을 인식하는 것이다. 즉, 완벽하고 완전하고 영원불멸의 것에 대한 사유에 도달하는 것이 정신의 종결자적 임무이다. 사유하는 존재로서 정신은 신의 터미네이터이다.

마음의 주권을 회복하는 방법

정신은 자주 흔들릴 수 있다. 허약하기 때문이다. 이 흔들리는 정신을 굳건하게 세우기 위해 가장 좋은 방법은 정신의 능력을 최고조로 발휘하게 하는 것이다. 정신의 꼭대기에 올라서는 것이다. 높은 산에 올라갈 때는 힘들고 괴롭고 때로는 쓸쓸하다. 바람이 불 때마다 몸은 흔들린다. 몸을 잘못 가누어 여차하면 절벽 아래로 떨어져 죽을 수도 있다. 그렇지만 정상에 올라서면 이러한 위험이 사라진다. 세상은 내 발아래 있고, 나는 모든 것을 자유롭게 조망할 수 있다. 동서남북 모든 방향으로 내 몸을 자유롭게 돌릴 수 있고, 그렇게 해도 나는 전혀 위험을 느끼지 않는다. 정신의 경지도 이와 같다. 정신의 정상을 정복할 때 인간은 자기 마음의 주권을 완전히 회복하게 된다. 꾸준한 독서와 사색을 통해 자신에게 감추어진 정신의 능력을 최대한 계발하면 사람은 마음의 주권을 회복할 수 있게 된다.

　마음속에 들어 있는 두 번째 요소는 감정이다. 감정은 정신보다 더 통제하기가 어렵다. 정신은 이성의 지령에 따라 잘만 움직이면 어느 정도 마음의 통제가 가능해지지만 감정은 결코 쉽지 않다. 형태와 색깔도 많고 사람마다 천차만별인 것이 감정이다. 그중에서 대표적인 것을 꼽으면 기쁨, 슬픔, 욕망 세 가지로 압축할 수 있다. 쾌락, 고통, 불안, 시기, 질투, 안도, 절망, 공포 등등 각종 감정들은 여기서 파생된다고 할 수 있다.

스피노자는 『에티카』라는 책에서 감정을 약 50가지로 분류해서 설명한다. 자세한 내용은 다음 장에서 설명할 것이다.

감정 중에는 극단으로 치닫는 것들이 많다. 이때 인간은 개와 같은 짐승처럼 되기도 하며, 희대의 살인마가 되기도 한다. 예를 들자면 사랑이라는 감정은 기본적으로 좋은 것이다, 사랑하는 감정을 느끼면 마음이 설레고, 들뜨고, 기분이 좋아지고, 세상이 아름답게 보인다. 이것은 우리에게 긍정적인 영향을 미친다. 신체의 활동능력은 고조되고, 살고 싶은 욕망, 삶에 대한 의지가 분출되기도 한다. 내 몸과 마음이 좋게 변하면 사회에게도, 국가에게도 이롭다. 그러나 사랑이 지나치면 사물과 사람에 대해 집착이 생기고, 그로 인해 강박증, 편집증, 시기, 질투 같은 부정적인 감정이 마음속에 자리 잡는다. 사랑을 잃어버렸을 경우 이러한 부정적 요소들은 심하게 증폭된다. 복수심이 자리 잡고, 이러한 복수심이 물불을 가리지 않을 정도로 심하게 되면 잔인한 살인극을 서슴지 않고 저지르기도 한다. 이것은 나에게도 사회에게도 해악이다. 따라서 사랑은 반드시 선한 감정만은 아니다. 감정은 통제하기가 어렵다.

감정은 양면적이다. 기쁨이 있으면 슬픔이 있고, 쾌락이 있으면 고통이 있고, 사랑이 있으면 증오도 있다. 마음의 주권을 잃지 않기 위해 중요한 것은 감정의 노예가 되지 않는 것이다. 적절하게 감정을 요리하고, 잘만 활용하면 감정은 우리 마음을 윤택하게 하고, 행복하게 한다. 세상을 아름답게 하고, 사회를 밝게 만드는 것도 감정이다. 반대로 감정을 제대로 통제하지 못하고, 그것에 구속될 경우 인간은 감정의 노예가 된다. 그럴 경우 인간은 마음의 주권을 완전히 잃어버리게 된다. 감정의 노예가 되지 않기 위해서는 부단한 노력이 필요하다. 우선은 내 마음속의 감정을 정확하게 꿰뚫어 볼 수 있어야 한다. 감정은 흐르는 물처럼 변화하기 쉽지만 댐에 물을 가두듯이 차분하게 마음속에 가두어서 조용히 응시하면 하나의 관념이 된다. 그리고 이때부터는 감정도 정신처럼 이성적으로 통제할 수 있게 된다. 정신 하나만 통제하면 마음의 주권은 반만 회복할 수 있다. 감정을 이성적으로 통제할 수 있어야만 마음의 주권을 완전히 회복할 수 있다.

마음의 주권을 가장 확실하게 지킬 수 있는 것은 마음을 구성하는 정신과 감정을 이성적으로 완벽하게 통제하는 것이다. 즉 마음속에 이성의 왕국을 건설하는 것이다. 왜냐하면 내 마음이 이성의 지도에 따라 움직일 때 나는 겸손함의 미덕으로 타인을 존중하고 호의와 아량으로 그들을 대한다. 그리고 타인과의 유대감을 바탕으로 더불어 사는 공동체를 건설하기 위해 노력한다. 이렇게 할 때 세상은 좀 더 평화로워지고, 정의로워진다. 평화와 정의가 넘치는 세상에서는 나의 마음이 흔들릴 가능성이 줄어들며, 따라서 내 마음의 주권도 튼튼하게 유지된다. 세상의 모든 것은 홀로 떨어져 존재하는 것이 아니라 서로가 서로에게 영향을 미치는 상호의존적 존재들이기 때문이다.

참된 자유와 행복

"신은 초월적으로 존재하는 것이 아니라 인간의 지성 속에 내재한다."

이성으로 감정을 적절하게 통제해서 평정심을 지키는 것은 결코 쉬운 일
이 아니다. 감정의 종류가 워낙 많기도 하고 복잡다단하기 때문이다. 그
러나 불가능한 것은 아니다. 스피노자의 『에티카』속으로 직접 들어가
그 가능성과 한계를 살펴보자. 참된 자유와 행복을 꿈꾸는 청춘에게 큰
참고가 될 것이다.

1657년 7월 27일 스피노자는 네덜란드 암스테르담 유태교회로부터 파
문당했다. 그의 나이 스물다섯, 한창 피가 끓는 청춘의 시기에 스피노자
는 자신이 소속된 공동체로부터 추방됐다. 죄명은 교리에 어긋나는 언행
을 일삼는다는 것이었다. 유태교회는 스피노자를 파문하면서 소름이 돋
을 정도의 저주를 퍼부었다. '그는 낮에도 저주받고 밤에도 저주받고 나
갈 때도 저주받고 들어올 때에도 저주받을 것이다. 주님의 노여움과 증오

가 이 자를 향해 불타고 율법서에 기록된 하늘의 모든 저주를 이 자가 짊어지게 하시고 하늘 아래에서 이 자의 이름을 지워버리소서.' 스피노자의 언행이 얼마나 교리를 이탈했기에 이처럼 심한 저주를 퍼부었을까?

신으로 신을 부정하다

유태교에서 말하는 신은 인격적 존재다. 신은 만물을 창조했으며, 사람과 같은 신체와 성정性情을 가지고 때로는 불같이 화를 내면서 채찍을 휘두르기도 하고 정의의 이름으로 세상을 심판한다. 아브라함과 모세에게 메시지와 계율을 전달하고, 절대적인 복종과 충성을 요구한다. 스피노자는 자신이 창안한 신의 이름으로 이러한 유태교의 신을 부정했다. 그에 의하면 신은 세상을 창조하지도 않았고, 팔과 다리, 감정을 가지고 있지도 않다. 세상을 도덕적으로 심판하지도 않으며, 인간과 직접적인 소통을 시도하지도 않는다. "신이 인간처럼 육체와 정신으로 이루어져 있으며, 또한 수동적 감정에 지배된다고 생각하는 것은 허구다." 스피노자의 신은 그냥 인간의 정신 속에 존재하는 하나의 관념적 실체일 뿐이다. 자연 혹은 우주처럼 태곳적부터 스스로 무한히 존재하는 비인격적 존재이다. 『에티카』에서 스피노자는 자신이 말하는 신의 개념을 기하학적으로 입증한다.

　스피노자의 『에티카』는 제대로 이해하기가 쉽지 않은 저서이다. 어려운 철학서적 가운데서도 으뜸으로 꼽힌다. 그러나 그 어느 책보다도 완벽한 체계를 갖추고 있기 때문에 두 번, 세 번 반복해서 읽다 보면 맥이 확연히 드러난다. 『에티카』는 정의, 공리, 정리, 증명 순으로 구성되어 있다. 전체 내용을 제대로 파악하기 위해서는 우선 자기원인, 본질, 실체, 양태 등과 같은 기본 개념부터 확실하게 이해해야 한다.

자기원인이란 자기 자신이 스스로의 존재 이유가 되는 어떤 것을 말한다. 세상에서 그러한 존재는 단 하나밖에 없다. 바로 신이다. 신을 제외한 다른 모든 존재는 자신의 존재를 가능하게 하는 외부의 원인을 갖고 있다. 나는 부모가 있기에 존재하고, 사회는 사람들이 모여 있기에 존재한다. 태양은 고도로 응축된 에너지가 있었기에 존재하며, 물과 공기, 바람 등도 마찬가지다. 오직 신만이 스스로 존재한다. 신 이외의 만물은 신을 원인으로 해서 생겨난다. 그러므로 신은 모든 존재의 제1원인이다. 이런 점에서 스피노자가 말하는 신은 자연과 동의어다.

본질은 그것이 있으면 존재가 정립되고, 그것이 없으면 존재 자체가 소멸되는 어떤 속성을 말한다. 태양의 본질적 속성은 에너지의 덩어리이며, 인간의 본질적 속성은 정신과 육체의 결합이다. 에너지가 해체되면 태양은 존립할 수 없게 되며, 정신과 육체가 분리되면 인간은 존재할 수 없게 된다. 그렇다면 신의 본질은 뭘까? 자기원인이 신의 본질이다. 신은 스스로 존재하므로 존재 그 자체가 바로 본질이다.

실체란 자기원인과 같은 맥락에서 이해할 수 있다. 실체란 그 자체 안에 있으면서 그 자체에 의하여 파악되는 것이다. 즉, 그것의 개념을 형성하기 위해 다른 것의 개념을 필요로 하지 않는 것이다. 따라서 우리가 실체라고 말할 수 있는 것은 신 이외에는 존재하지 않는다. 신은 유일한 실체이다. 이러한 실체가 변용變容된 것을 스피노자는 양태樣態라고 정의한다. 그리고 지성이 실체에 대하여 그것의 본질을 구성하고 있는 것으로 지각하는 것을 속성屬性이라고 말한다.

이러한 기본적인 전제로부터 신이란, 절대적으로 무한한 존재, 즉 제각각 영원하고도 무한한 본질을 표현하는 무한한 속성들로 이루어져 있는 실체라고 정의된다. 그리고 신은 자신의 본성의 필연성에 의해서만 존재하며, 자기 자신에 의해서만 작용하도록 결정되기 때문에 무한히 자유롭다. 또한 신은 존재 그 자체이므로 영원하며, 실체라고 일컬을 수 있는 단 하나의 존재이기 때문에 유일하다. 똑같은 속성을 가진 실체가 두 개로 분할될 수 없듯이 신도 오직 하나로만 존재한다.

유태교의 신은 초월적 존재다. 신은 인간의 지성적 인식의 범위를 벗어나 있다. 인간은 자신의 지성으로 결코 신을 인식할 수 없으며 오직 신의 명령과 계시를 통해서만 그의 존재를 깨달을 수 있다. 스피노자는 이 생각을 뒤집는다. 신은 초월적으로 존재하는 것이 아니라 인간의 지성 속에 내재한다. 따라서 신은 만물의 내재적 원인이지 초월적 원인이 아니다. 이 지점에서 스피노자는 유태교의 교리에서 가장 크게 벗어나 있다. 스피노자에 의하면 인간이 신의 창조물이 아니라 신이 인간의 창조물이 되는 셈이다. 반역도 이런 반역이 없다.

스피노자는 『에티카』 제1부의 정리 26과 27, 28, 29에서 이렇게 쓰고 있다.

- 어떤 작용을 하도록 결정된 사물은 신에 의해 필연적으로 그렇게 결정되었다. 그리고 신에 의해 결정되지 않은 사물은 자기 자신을 작용하도록 결정할 수가 없다(정리26).

- 신에 의해 어떤 작용을 하도록 결정된 사물은 자기 자신을 결정하지 않게 끔 할 수가 없다(정리27).
- 모든 개물, 즉 한정된 존재를 갖는 유한한 모든 것은, 마찬가지로 한정된 존재를 가지는 유한한 다른 원인에 의해 존재하고 작용하도록 결정되지 않는 한 존재할 수도 작용하도록 결정될 수도 없다. 그리고 또, 이 원인도 한정된 존재를 갖는 유한한 다른 원인에 의해 존재하고 작용하도록 결정 되지 않는 한 존재할 수도 없고 작용하도록 결정될 수도 없다. 이와 같이 무한히 이어진다(정리28).
- 자연에는 우연적인 것이 아무것도 없으며, 모든 것은 일정한 방식으로 존 재하고 작용하도록 신의 본성의 필연성으로부터 결정되어 있다(정리29).

스피노자의 사상 가운데 가장 많이 비판받는 결정론이 나오는 대목들 이다. 이 정리에 따르면 인간은 자유의지를 가진 적극적 존재가 아니라 신(자연)의 뜻에 종속된 피동적 존재에 지나지 않는다. 그러나 스피노자 가 말하는 결정론은 물리적 인과율로 보는 것이 타당하다. 스피노자의 사상을 결정론으로 묶을 경우 우리는 결정적인 우를 범할 수 있다. 스피 노자의 결정론은 구속이 아니라 자유의 모멘텀으로 작용한다. 물리학의 법칙을 이해함으로써 우리는 자연에 구속되는 것이 아니라 자연을 능동 적으로 이용하고 통제할 수 있게 된다. 자연의 인과율을 완벽하게 터득 할 경우 인간은 절대적인 자유를 획득할 수 있다. 이는 인간의 정치공동 체에도 적용된다. 서로가 서로에 의해 결정되는 존재임을 구성원들 모두 완벽하게 인식할 때 절대적 차원의 정치적 자유가 달성될 수 있으며 일방적 권력행사와 통치의 관점이 아니라 수평적 소통과 연대에 의한 정치 사회를 건설할 수 있게 된다.

스피노자가 말하는 신은 정신 속에 존재하는 관념적 실체다. 이 관념을 가장 잘 표현하는 두 개념이 사유와 연장이다. 스피노자에 의하면 신은 사유하는 것이고, 연장된 것이다. 우선 사유에 관해 생각해보자. 사유에는 끝이 없다. 제한도 없다. 그릇에 물이 가득 차는 것처럼 개별적 생각들이 완벽하게 우주 공간에 꽉 들어찬다고 상상해보자. 무한히 확대된 사유, 그것이 곧 신이다. 연장도 마찬가지다. 어떤 사물이 차츰 커지고 넓어져서 우주 공간을 꽉 채운다고 생각해보자. 무한한 연장의 끝에 있는 것, 그것이 곧 신이다. 따라서 스피노자에게 있어서 사유와 연장은 같은 개념이다. 정신적 관점에서 신은 사유의 형태로 나타나고, 신체적 관점에서 신은 연장의 형태로 주어진다. 정신과 신체는 한 몸으로 합일되어 있다. 우주에 빈 공간이 없다고 하는 것은 사유와 연장으로 꽉 찼다는 의미이다. 빈틈이 있다면 신이 아니다. 신은 완전하고 완벽한 존재이기 때문이다. 그렇기 때문에 신 안에는 필연적으로 모든 관념이 존재하며, 신과 관련된 모든 관념은 언제나 절대적으로 참이다.

코나투스, 존재의 질긴 본질

『에티카』 제3부에서 스피노자는 감정의 문제를 다룬다. 방식은 여전히 기하학적이다. 감정을 물의 흐름과 같이 자연스러운 것으로 파악하되, 댐 속에 갇힌 물처럼 깊이를 재고 수량을 측정하고 유속을 관찰한다. 변화무쌍한 감정의 문제를 계량적으로 다루는 점이 일반인에게는 잘 납득되지 않는다. 이를 의식한 듯 스피노자는 서두에서 먼저 그 변을 길게 늘어놓는다.

자연 안에서는 자연의 결함 탓으로 여길 수 있는 어떠한 일도 일어나지 않는다. 왜냐하면 자연은 항상 한결같으며, 자연의 힘과 활동능력은 어디서나 동일하기 때문이다. 즉 만물이 발생하여 한 형상에서 다른 형상으로 변화하게 하는 자연의 법칙과 규칙은 어디에서나 항상 동일하기 때문이다. 따라서 어떤 종류의 사물이든 그것의 본성을 인식하는 방법도 역시 동일하지 않으면 안 된다. 즉 그것은 자연의 보편적인 법칙과 규칙에 의한 인식이어야 한다. 그러므로 증오, 분노, 질투 등의 감정도, 그 자체로 고찰한다면, 다른 개개의 사물들과 마찬가지로 자연의 필연성과 힘에서 생겨난다.

감정도 자연의 법칙처럼 그것이 발생하는 일정한 원인이 있기 때문에 기하학적 관찰이 가능하다는 것이다.

스피노자는 감정을 "신체의 활동능력을 증대시키거나 감소시키며, 촉진시키거나 억제시키는 신체의 변용인 동시에 그러한 변용의 관념"이라고 정의한다. 정신의 수동이라 불리는 감정은 어떤 혼란된 관념인데, 이것에 의하여 정신은 자기의 신체 또는 신체의 일부에 대하여 이전보다 더 크거나 더 작은 존재력을 긍정하며, 주어진 그것에 의하여 정신은 어떤 것을 다른 것보다 더 많이 사유하도록 결정된다.

모든 사물은 자신의 존재를 지키고, 유지하고, 지속시키려는 본질적 속성을 갖고 있다. 사물의 질긴 이 속성을 스피노자는 코나투스^{conatus}라고 부른다. 이 본성은 외부의 충격에 의하지 않고서는 자체적으로 파괴되지 않는다. 정지해 있는 물체가 외부의 충격이 없는 한 늘 정지해 있으려는 속성이 이 물체의 코나투스다. 이 코나투스를 파괴하는 것은 반대의 속성을 갖는다. 즉, 정지해 있는 물체의 코나투스를 변화시키는 것은 움직이려고 하는 것이고, 움직이는 것의 코나투스를 변화시키는 것은 정지시키려고 하는 것이다. 우리 신체도 같다. 우리 신체의 존재를 배제하는 관념은 우리 정신 안에 있을 수가 없다.

어떤 사랑을 할 것인가?

"사랑에는 두 종류가 있다. 감성적 사랑과 이성적 사랑이 그것이다."

사랑과 연애, 결혼은 청춘의 특권이다. 청춘만이 사랑할 수 있는 것은 아니지만 사랑과 연애를 결혼이라는 인생의 고리에 처음으로 연결시키는 것은 대개 청춘의 전유물이다. 이것을 포기하고 살아가는 청춘은 인생의 커다란 특권 하나를 포기하는 셈이니 3포세대로 불리는 요즘의 청춘은 참으로 딱한 처지다. 만물이 소생하고 꽃이 만개하는 봄이라는 계절이 인생에서 통째로 유실된 것이니 어찌 아니 안타깝겠는가. 그렇게 사는 것은 저주받은 인생이고, 지옥 같은 삶이기에 오늘의 청춘들이 살아가는 대한민국은 '헬조선'임에 틀림없다. 아무리 팍팍하고 힘든 세상이라도 그렇지 사랑과 연애마저 포기해야 하는 인생이라니 그야말로 '노답'이다.

그러나 얼음장 밑에서도 물은 졸졸 흐르고, 폭풍우 몰아치는 거친 바다에서도 내일의 태양은 어김없이 솟아오르듯이 대한민국의 청춘에게도 언젠가는 '헬조선'이 아니라 '헤븐조선'의 따뜻한 봄날이 올 것으로 믿는다. 아니, 생각을 조금만 바꾸면 그 봄날을 미래의 것이 아니라 현재의 것으로 만들 수도 있다. 세상의 기준이 아니라 내 자신의 기준으로 인생을 설계하면 빼앗긴 청춘의 특권을 지금 당장이라도 되찾을 수 있다. 행복은 목표가 아니라 과정이라는 인문학의 평범한 가르침하나만 실천해도 그것은 가능하다. 청춘이 포기해야 할 것은 사랑과 연애가 아니라 관습과 편견이다.

콩깍지 사랑과 베스킨라빈스 사랑

사랑에는 두 종류가 있다. 감성적 사랑과 이성적 사랑이 그것이다. 전자는 처음 보는 순간 스파크가 튀어 앞뒤 가리지 않고 사랑에 빠지는 유형이고, 후자는 차가운 머리로 이리저리 재보고 신중하게 고르는 유형이다. 감성적 사랑에 빠지는 사람은 물불을 가리지 않는 특성이 있다. 일주일에 일곱 번을 만나도 모자랄 정도로 단기간에 깊이 사귄다. 마치 눈에 콩깍지가 낀 것처럼 그 사람의 장점만 보이고 단점은 눈에 띄지 않기 때문에 주변 사람의 충고 따위는 귀에 들어오지 않는다. 콩깍지 사랑이 해피엔딩으로 끝나면 그보다 더 좋은 사랑은 없다.

그러나 이러한 유형의 사랑이 아름다운 결실을 맺을 가능성은 그리 높지 않다. 중간에 사랑이 깨지는 경우가 더 많다. 물불을 가리지 않기 때문에 물에 빠져 허우적대고 불에 데어 상처를 입는 수가 허다하다. 사랑이 깨진 후 그 후유증은 수습하기가 힘들 지경이 된다. 엄청난 회오리와 폭풍우가 몰아치고, 사랑의 열병으로 심지어 목숨을 잃는 경우도 왕왕 있다. 안나 카레니나의 사랑이 이런 유형이다. 안나 카레니나는 모스크바 기차역에서 브론스키를 처음 본 순간 사랑의 불꽃 속으로 깊숙이 빨려 들어간다. 청년 장교 브론스키의 매력적이고 열정적인 모습에 푹 빠져들어 안나 카레니나는 자신의 모든 것을 바쳤고, 종국에는 목숨까지 버린다. 안나 카레니나는 봄날의 벚꽃처럼 화려하게 피어났다가 한순간에 스러진 감성적 사랑의 전형이다.

이에 비해 이성적 사랑은 신중하게 고르는 스타일이다. 이런 유형은 상대방에게 급격하게 빠져드는 일이 없다. 처음에는 호감 정도로 사랑의 감정을 갖게 된다. 그 후 두 번, 세 번 만나면서 요모조모 따져본다. 자신과 생각이 잘 맞는지, 취향이나 취미는 어떤지, 성격에 모난 것은 없는지를 따져보고 '이 사람 정도면 사귀어도 되겠다'는 확신이 들면 그때 비로소 연애를 시작한다. 아무리 얼굴이 잘 생기고 매너가 좋아도 한 번의 느낌만으로 연애를 시작하지는 않는다. 베스킨라빈스에서 아이스크림을 고를 때처럼 자신의 기호에 맞는 몇 가지를 조합해서 하나의 완성된 사랑을 꾸미는 스타일이다. 이성적 사랑은 남들이 볼 때 답답하기도 하고 속이 터지는 그런 사랑이다. '쟤들이 진짜 좋아하는 게 맞나' 하는 의문이 들 정도로 둘 사이의 사랑은 밋밋하고 연애진도가 느린 경우가 많다.

때문에 이성적 사랑은 리스크도 적다. 서로 알 만큼 안 상태에서 연애를 시작해, 사귀면서 다투는 경우도 적고, 결혼에 골인할 확률도 높다. 설사 중간에 사랑이 깨지더라도 상처 또한 크지 않다. 죽네 사네 하면서 붙들고 늘어지는 경우도 없고, 쿨하게 이별을 인정하고 서로의 행복을 빌어줄 수 있는 그런 사랑이다.

『안나 카레니나』에 나오는 키티와 레빈의 사랑이 이런 유형이다. 둘은 서로에 대한 호감을 가지고 있지만 문화적 차이와 생각의 차이 때문에 그들이 맺어지기까지는 꽤 오랜 시간이 걸린다. 하지만 한 번 맺어진 후 그들 사이에는 큰 분란도 없고, 그들의 결혼 생활은 무난하게 지속된다.

제인 오스틴의 『이성과 감성』은 이러한 두 가지 유형의 사랑을 잘 비교할 수 있게 해주는 대표적인 인문고전이다. 작품의 두 주인공인 엘리너와 메리앤은 자매지간이지만 사랑의 유형에서는 극과 극을 달린다. 언니인 엘리너는 차가운 이성적 사랑을 상징하고, 동생인 메리앤은 뜨거운 감성적 사랑을 상징한다.

엘리너와 메리앤은 아버지가 죽은 후 어머니와 함께 영국 노어랜드 지방의 이복 오빠 집에 얹혀서 살고 있다. 원래는 자신들의 집이었지만 아버지가 죽은 후 이복 오빠에게 소유권이 넘어가 졸지에 식객 신세로 전락한 것이다. 어머니는 쌀쌀맞은 며느리에게 정이 떨어져 하루라도 빨리 이사를 가고 싶어 한다. 마침내 괜찮은 집이 나와 이사할 계획을 세우지만 엘리너는 한사코 반대한다. 엘리너는 어머니가 마음에 들어 하는 집이 자신들의 현재 수입으로는 집세나 생활비를 감당할 수준이 아니기 때문에 좀 더 저렴한 집을 알아보자고 말한다. 엘리너의 이러한 신중한 성격은 연애 스타일에도 고스란히 드러난다.

엘리너는 어느 날 집에 놀러온 올케의 남동생 에드워드 페라스에게 호감을 가진다. 두 사람이 서로 좋아하는 걸 눈치 챈 어머니는 두 사람이 곧 결혼이라도 할 것처럼 반긴다. 그러나 엘리너의 생각은 다르다. 엘리너는 에드워드와 긴 시간을 함께하면서 여러 가지를 살핀다. 에드워드의 감정을 면밀히 살피고, 문학과 취향이라는 주제를 두고 에드워드의 의견을 듣기도 한다. 그 결과 에드워드가 굉장히 박식하고, 책을 즐기고, 상상력이 풍부하고, 공정하고 정확한 관찰력을 갖추고 있다고 판단한다. 얼굴도 썩 미남은 아니지만 눈매가 남달리 선하고 얼굴 생김새가 정이 넘친다고 생각한다.

그러나 에드워드에 대한 엘리너의 감정은 사랑이라기보다 존경심에 더 가깝다. 언니의 이러한 태도를 보고 동생 메리앤은 펄쩍 뛴다. 세상에 무슨 사랑이 그런 사랑이 다 있냐며 언니를 차가운 여자라고 힐난한다. 그렇다고 엘리너의 사랑이 적극적으로 바뀌지는 않는다. 엘리너는 성격상 메리앤처럼 뜨겁게 사랑하지도, 그 사랑을 열정적으로 표현하지도 못한다.

> 내 감정을 그렇게 미적지근하게 말하긴 했지만 널 화나게 하려는 건 아니었어. 말로 표현하는 것보다는 내 감정이 더 강하다고 믿으렴. 요컨대, 내 감정이란, 그이의 장점이라든가 그이도 나를 사랑할 것이라는 짐작, 아니 희망에 비추어 보아서 내가 그렇게 느껴도 괜찮겠다, 주제넘지도 어리석지도 않겠다, 그런 정도야. 그러나 그 이상이라고 믿어버려선 안 된다고. 난 그이가 나를 얼마만큼 생각하는지 전혀 확신이 없어. 그러니 그이의 감정을 다 알게 될 때까지는, 나 자신의 호감을 실제보다 크다고 믿어버려서 그걸 키워놓는 짓은 피하고 싶어.

엘리너는 에드워드에 대한 자신의 호감이 진정한 사랑이라는 확신이

들 때까지 최종적인 판단을 유보한다. 엘리너는 사랑에 대해 지극히 냉철하다. 사랑의 감정을 느끼기는 하지만 본격적인 연애에는 뜸을 들인다. 에드워드에 대한 호감이 무슨 결실로 이어질 것이라는 확신도 갖지 않는다. 엘리너의 사랑은 어떤 점에서는 지나치게 계산적이라 정나미가 떨어지는 그런 스타일이다.

동생 메리앤의 사랑은 시작도 끝도 모두 극적이다. 노어랜드를 떠나 바턴의 코티지에 자리 잡은 후 엘리너와 메리앤은 산과 들을 쏘다니면서 산책을 즐긴다. 그러던 어느 날 메리앤이 발을 잘못 디뎌 다리를 다치는 사고를 당한다. 이때 주변에서 사냥을 하던 윌러비라는 총각이 메리앤을 번쩍 앉고 코티지에 무사히 데려다준다. 이 일을 계기로 두 사람은 급속도로 가까워진다. 얼굴도 잘 생기고 앞뒤 재지 않고 의협심을 발휘하는 윌러비에게 메리앤은 홀딱 반해버린다. 윌러비가 입고 있던 사냥 재킷에서도 메리앤은 신사의 품격을 느낀다. 메리앤의 머릿속에는 온통 윌러비에 대한 황홀한 상상뿐이다.

바턴에 집을 구해준 친척인 존 경이 윌러비가 지난 크리스마스 파티 때 저녁 8시부터 새벽 4시까지 한 번도 쉬지 않고 춤을 추었다는 이야기를 들려주자 메리앤은 입에 침이 마르도록 대놓고 윌러비를 찬양한다. "그게 제가 좋아하는 거예요. 젊은 남자라면 마땅히 그래야죠. 뭘 추구하든 아주 열심히 해서 절제를 한다거나 피곤해 한다거나 해선 안 돼요."

두 사람은 바로 연인이 된다. 메리앤의 피아노 반주에 맞춰 노래를 부르고, 같이 산책을 나가고, 한시도 떨어지지 않고 붙어서 지낸다. 두 사람은 취향도 비슷하고, 감성도 일치한다. 설사 무슨 이견이 있어도 그리 큰 문제가 되지 않는다. 그런 이견들은 강렬한 눈빛과 감정의 회오리 속으로 즉각 빨려 들어가 자취를 감추어버린다.

벗겨진 콩깍지와 사랑의 열병

이런 메리앤을 보고 엘리너는 은근히 걱정이 되어 말을 건넨다.

"내 생각에 말이야. 한 번의 만남으로 윌러비 씨를 판단하는 것은 옳지 않은 것 같구나. 너는 벌써 거의 모든 중요한 문제에 대한 윌러비 씨의 의견을 확인했어. 대화의 주제를 그렇게 한꺼번에 소진시켜버리면 앞으로는 어쩔래? 길게 만나게 될 텐데 말이야."

그러나 메리앤은 도리어 이러한 언니를 못마땅해 한다.

"엘리너, 이게 공정해? 정당해? 내가 아는 것이 그렇게 빈약해? 언니 말이 무슨 뜻인지는 알겠어. 내가 윌러비를 너무 편하게 대했고 너무 행복해하고 너무 솔직했어. 통상적인 예의범절로 보면 잘못을 저지른 거지. 그런데 조신하고 맥 빠지고 따분하고 감정을 숨기는 것만이 진짜 최선의 길이야? 그랬더라면 언니가 나를 비난하지 않았을 거야?"

엘리너는 벌써부터 윌러비의 단점이 눈에 보인다. 윌러비는 주위 사람이나 여건에 상관없이 무슨 일이든 자신의 생각을 여과 없이 막 토로하는 성향을 가졌다. 솔직한 점은 좋지만 지나칠 경우 이러한 행동들은 분별력을 잃기 십상이다. 그러나 메리앤에게는 그 성급함이 단점이 아니라 열정으로 보인다. 윌러비는 오매불망 꿈에도 그리던 자신의 이상형이다.

차분한 성격의 브랜던 대령이 메리앤을 마음에 두고 있었지만 메리앤에게 그는 특별한 매력도 없고 정열도 없는 노총각에 지나지 않는다. 그녀에게는 자나 깨나 윌러비밖에 없다.

근엄하고 말수가 적은 브랜던 대령에게 관심을 가지는 것은 메리앤이 아니라 엘리너다. 엘리너는 존경과 연민의 감정으로 온화한 품성의 브랜던 대령을 대한다. 활기차게 연애를 하는 메리앤을 지켜보면서 브랜던 대령은 우수에 찬 어두운 표정을 감추지 못한다. 그렇지만 그것이 젊음의 징표라고 말하면서 두 사람의 연애는 긍정적으로 평가한다. 그러나 엘리너는 이들의 사랑이 분별없는 짓이라고 못 박는다. "메리앤의 것과 같은 감정에는 불편한 점들이 수반되기 마련이죠. 세상에 대한 열정이 주는 그 어떤 매력도 그걸 보상할 수 없어요. 쟤는 체질상 예의범절을 깡그리 무시해버리는 경향이 있어요. 그건 좋지 않아요."

윌러비가 런던으로 떠나면서 메리앤의 사랑도 깨진다. 윌러비는 뜨거운 정열의 소유자이긴 하지만 재물에 대한 탐욕이 가득한 속물이었다. 런던에서 윌러비는 7만 파운드의 재산을 물려받은 상속녀와 결혼한다. 윌러비는 그 전에도 도덕적으로 비난받을 짓을 저질렀다. 윌러비는 브랜던 대령이 어릴 때부터 데려다 키운 일라이자라는 처녀를 건드려 아이까지 낳게 한 바람둥이였던 것이다. 브랜던 대령이 메리앤과 윌러비의 사랑을 우려의 시선으로 바라본 것은 그 때문이었다.

메리앤은 윌러비가 런던으로 떠난 후 한동안 자리에서 일어나지도 못할 정도로 우울한 감정에서 벗어나지 못한다. 밤새도록 깨어 있었고, 그 대부분을 울면서 지냈다. 두통에 시달리고, 말도 제대로 할 수 없고, 음식도 제대로 삼킬 수 없게 되었다. 낮에는 집 주변을 혼자 산책하면서 윌러비와의 추억을 회상하는 데 대부분의 시간을 허비했으며, 밤에는 윌러비에게 연주해주곤 하던 애창곡을 메들리로 연주했다. 피아노 앞에서 노래하다가 울다가 하는 것이 일상이 될 정도로 감정의 과잉 상태에 빠져서 지냈다. 기다리던 윌러비의 편지가 단 한 통도 오지 않자 메리앤의 이러한 우울증은 한층 더 심해진다.

이러던 중 엘리너와 메리앤도 먼 친척의 초청으로 런던으로 떠난다. 런던에서 메리앤은 윌러비가 다른 여자와 약혼했다는 소문을 전해 듣는다. 그러나 그녀는 근거 없는 헛소문일 뿐이라고 일축한다. 그러나 자신이 윌러비에게 보낸 편지가 반송되어 돌아오고, 어느 날 파티에서 만난 윌러비가 다른 여자와 다정하게 이야기를 하면서도 자신은 건성으로 대하는 것을 보고 비로소 사태를 파악한다. 그리고 충격으로 쓰러진다. 사랑의 열병으로 메리앤은 정신 줄을 놓을 정도로 기력이 쇠해진다. 건강이 악화되어 한때 생명이 위독해지기도 하지만 엘리너의 정성어린 간호로 다시 일어난다. 자리에서 일어난 메리앤은 윌러비와의 사랑의 열병으로부터도 완전히 회복된다.

"엘리너 언니, 아프니까 깊이 생각을 하게 되더라. 병 때문에 진지하게 한 번 사색해볼 여유도 생기고 침착함도 되찾게 되었어. 지난 가을 그이 하고 우리가 처음 알게 된 이래로 내가 한 행동을 돌이켜보니, 나 자신에 대해서는 경솔한 짓의 연속이었고 남에 대해서는 야박한 짓의 연속이었어. 나는 사람들의 친절을 배은망덕한 경멸로 갚아주었지. 그냥 아는 사람한테도 나는 무례하고 부당했지. 특히 내 둘도 없는 간호사이자 친구인 언니를 비참함 속에 몰아넣었지. 난 앞으로 감정을 절제하고 성격도 고칠 거야. 더이상 내 감정으로 다른 사람들을 걱정시키고 나 자신을 괴롭히지 않을 거야. 윌러비에 대한 추억은 아무리 여건이 바뀌고 생각이 달라져도 지울 수가 없을 거야. 그러나 다스려지긴 할 거야. 종교에 의해서, 이성에 의해서, 늘 무언가를 함으로써 통제가 되겠지."

죽을 고비를 넘기고 병에서 회복된 메리앤은 그 후 브랜던 대령의 청혼을 받고 그와 결혼한다. 브랜던 대령은 그동안 엘리너의 애인인 에드워드의 직장을 알아봐주는 등의 일로 꾸준히 두 자매와 우호적인 관계를 유지했다. 그리고 메리앤이 폐렴으로 생사의 고비를 맞고 있을 때 50km나 되는 먼 길을 밤새 달려가 애시우드 부인(엘리너와 메리앤의 어머니)을 모시고 와 자매로부터 결정적인 환심을 산다. 그리고 그런 공덕으로 오랜 짝사랑의 결실을 맺는다.

베스킨라빈스 사랑의 결실

에드워드에게도 숨겨진 비밀이 있었다. 에드워드는 오랜 전에 만난 루시라는 여자와 이미 약혼한 사이였다. 루시는 미인이기는 했지만 사려가 깊고 교양 있는 여자는 아니었다. 에드워드가 삼촌 집에 머물면서 무료한 시간을 보내던 차에 둘은 만났고, 루시가 적극적으로 덤벼들어 약혼하는 사이로 발전했다. 그러나 에드워드는 루시와 약혼한 사실을 철저하게 비밀에 부쳤다. 완고한 어머니가 알 경우 호적을 파버릴 수도 있었기 때문이다. 어머니는 옥스퍼드를 졸업한 에드워드가 정계로 진출해서 이름을 날리는 날을 손꼽아 기다리고 있었다. 누나의 소원도 같았다. 나름대로 재색을 겸비한 엘리너도 성에 차지 않는데 근본 없는 루시는 말하나 마나였다.

루시와 약혼은 했지만 사정상 결혼은 한없이 미룰 수밖에 없던 그런 상태에서 에드워드는 누나 집에서 처음으로 엘리너를 만나 호감을 갖는다. 엘리너가 바턴으로 이사를 간 후에도 에드워드는 코티지를 가끔 찾아와 엘리너와 대화를 하면서 그녀에게 사랑의 감정을 느낀다. 그러나 루시와의 약혼을 깰 수 없다는 도덕적 강박관념 때문에 에드워드는 엘리너를 더 이상 가까이 하지 못한다. 엘리너도 성격상 적극적으로 나서는 스타일이 아니라 둘 사이의 사랑은 거의 물 건너가는 상황이었다. 엘리너는 에드워드와 루시가 약혼한 사이라는 말을 듣고도 심적으로 큰 변화를 보이지 않는다. 비밀을 지켜달라는 루시의 부탁을 존중해서 둘의 약혼 사실을 넉 달 동안이나 가슴에 묻고 지내면서도 겉으로는 태연한 척한다. 그러나 루시가 에드워드의 동생과 전격적으로 결혼하는 바람에 에드워드는 홀가분한 마음으로 엘리너에게 달려와 청혼한다. 순간 엘리너는 기쁨의 눈물을 흘리면서 한없이 흐느껴 운다. 마음속에 짓눌러놓았던 감정들이 한꺼번에 분출해 솟아난다. 사랑의 열병을 앓고 난 후 감성적인 메리앤이 이성에 눈을 떴듯이 이성적인 엘리너는 사랑이 결실을 맺는 순간 감성에 눈을 떴다.

　이성적 사랑과 감성적 사랑 중 어느 쪽이 더 바람직한지에 대한 정답은 없다. 양자의 장단점이 있고, 또 사람마다 문화적, 생물학적 DNA가 다르기 때문에 일률적으로 어느 한쪽이 더 낫다고 단정 지을 수가 없는 것이 사랑의 문제다. 가장 좋기는 감성적으로 사랑하되 이성적으로 결실을 맺는 것이다. 그러나 마치 창과 방패처럼 이 두 가지는 양립하기 어려워 보인다. 하지만 완전히 불가능한 것은 아니다. 앞서 우리가 보았듯이 감정도 차분히 관찰하면 이성적으로 통제가 가능한 것이다. 스피노자가 『에티카』에서 말한 것처럼 부단한 훈련과 성찰을 통해 이런 경지에 오를 수 있으면 뜨겁게 사랑하면서도 아름답게 결실을 맺을 수 있다. 청춘이여, 책도 보고, 애인도 만나라. 이것이 그대에게 필요한 진정한 연애의 기술이다.

세잔은 사과 그림만 100번 이상 그렸다. 단순히 눈에 비친 사과가 아닌, 여러 관점에서 본 사과의 모습을 하나의 그림 속에 담아내 사물의 본질의 포착하려 했다.

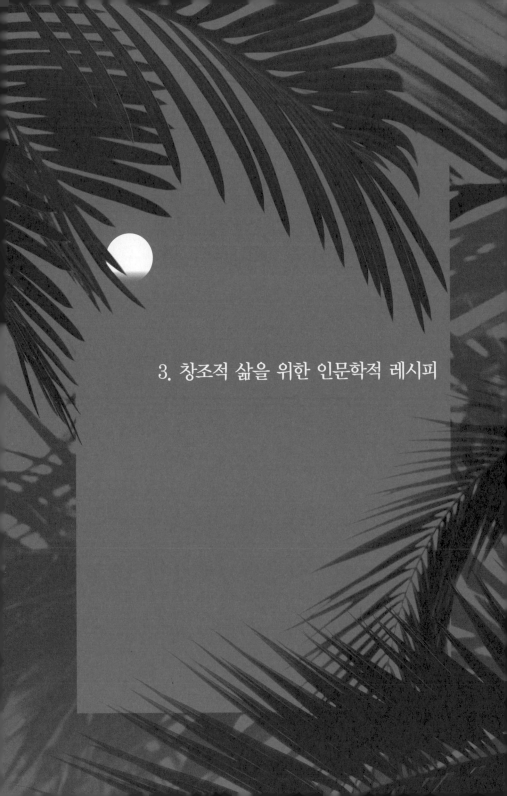

3. 창조적 삶을 위한 인문학적 레시피

내 마음속의 신을 죽여라.

"초인은 신이 창조한 모든 것을 거부하고
자신의 의지로 만물을 새롭게 창조하고자 한다."

창조적 삶이란 어떤 삶일까? 창조적으로 살고 싶은데 어떻게 해야 할까?
창조적 인간이 되기 위해선 무슨 일부터 해야 할까? 스티브 잡스만 따라
하다 보면 나도 창조적 인간이 되는 걸까? 창조를 강조하는 말들은 많지
만 막상 창조를 위한 삶의 레시피를 구체적으로 찾으려면 막막하다. 레
시피는 고사하고 나름의 윤곽조차 잡기가 쉽지 않다.

창조에는 정답이 없다. 정도도 없다. 정해진 답이나 길이 있다는 것 자
체가 벌써 비창조적이다. 그래서 '이것이 창조다' 하고 내세울만한 것은
아무 것도 없다. 그 누구도 그걸 보여줄 수 없다. 다만 원리만 보여줄 수
있을 뿐이다. 이번 챕터의 목표도 그렇다. 콘셉트를 '창조적 삶을 위한 인
문학적 레시피'로 정했지만 이 글의 목표가 창조의 정답을 가르쳐주는
데에 있지는 않다. 몇몇 인문학자들이 말하는 '창조의 레시피'를 소개할

따름이다. 삶을 요리하는 데 참고는 하되 인생이라는 음식의 고유한 맛을 내는 것은 청춘들 각자의 몫이다.

우리는 모두 각자의 신神을 마음속에 간직한 채 살고 있다. 신은 인생의 나침반이다. 그 나침반이 있기에 인간은 인생이라는 항로를 길을 잃지 않고 안전하게 항해할 수 있다. 행여 그것이 분실되면 사람들은 불안해진다. 갑자기 망망대해에 혼자 버려진 느낌을 지울 수 없다. 폭풍우가 불어 닥칠 것도 같고, 해적이 나타날 것도 같다. 우왕좌왕 하다가 심리적 공황 상태에 빠지기도 한다.

그러나 거꾸로 생각하면 나침반을 잃는 것은 새로운 항로를 발견할 수 있는 기회를 갖는다는 것이다. 나침반이 지시하는 항로를 따라갈 경우 결코 발견할 수 없었던 미지의 세계를 탐험할 수 있는 가능성이 열리는 것이다.

나침반에 의존하는 삶은 타성에 젖은 삶이다. 창조적 삶이란 나침반 없이 거친 바다를 혼자 항해하는 것이다. 나침반은 안전함을 보장하지만 창조적 에너지를 갉아먹는다. 나침반이 있으면 최소한 길을 잃을 염려가 없기 때문에 주야장천 그것만 쳐다보는 사람들이 있다. 능동적으로 머리를 굴리지도 않고, 환경의 변화에 적극적으로 대비할 생각도 하지 않는다.

나침반이 없어지면 마치 세상이 끝날 것 같지만, 막상 그런 상황이 닥치면 곧 거기에 적응하는 것이 사람이다. 나침반을 잃어버리면 하늘의 별자리나 바람이 불어오는 방향을 보고 항로를 짐작하게 된다. 그만큼 사람은 창조적인 본성을 타고 났다. 창조적 능력을 활용하지 않고 사장시키는 것이 문제일 뿐 원래부터 창의적이지 않는 사람은 아무도 없다.

문명사에서 인류가 불을 발견하고, 도구를 발견하고, 농사짓는 방법을 깨우친 것은 인간의 창조적 본성에서 비롯된 것이지 옆에서 누가 가르쳐 준 것이 아니다. 소잉카*의 말처럼 '나는 창조한다, 고로 존재한다.'

니체가 신을 죽인 까닭

그리스로마 시대를 거쳐 승승장구하던 인간의 창조적 삶은 중세에 접어들면서 그 기세가 한풀 꺾이기 시작했다. 신 때문이다. 신은 자신의 틀 안에 인간을 가두었으며, 그때부터 인간의 창조적 본성은 신이라는 감옥 속에 유폐되었다. 무려 천년의 세월이다. 이 세월을 인류가 건너뛸 수 있었으면 지금쯤 인류는 벌써 달나라와 화성을 마음대로 오고갈 수 있을 것이다.

프리드리히 니체^{Friedrich Wilhelm Nietzsche}는 『차라투스트라는 이렇게 말했다』에서 신을 죽였다. 그리고 유폐된 인간의 창조적 본성을 해방시켰다. 니체가 볼 때 창조에 가장 큰 걸림돌이 되는 것이 바로 신이다. 왜 그럴까? 신이 이 세상 모든 것을 창조했기 때문에 인간은 더 이상 창조할 게 없기 때문이다. 그러므로 신이 존재하는 이상 창조적 인재, 창조적 마인드는 불가능하다. 그래서 니체는 신을 죽였다.

신은 어떻게 죽었을까? 너무 웃다가 배꼽이 빠져 죽었다. 조롱처럼 들

---

* 아프리카인 최초의 노벨문학수상자. 대표작으로는 『사자와 보석』(1958), 『숲의 춤』(1963), 『해설자들』(1964)이 있다.

리지만 니체의 차라투스트라는 그렇게 말했다. 책에 나온 니체의 이야기를 옮기자면 이렇다. 어느 날 산골짜기에서 한 신이 이렇게 선언했다. "나는 유일신이다. 나 이외에는 아무런 신이 없다." 옆에 있던 다른 신들은 유일신의 이 말을 듣고 배꼽잡고 웃었다. 그러다가 죽었다. 차라투스트라는 이렇게 말한다. "신은 있지만 유일신은 없다. 이것이 가장 신성한 가르침이다."

니체가 말하는 신은 관습화된 일체의 규범, 종교의 교조적 가르침, 반시민적 국가주의, 자민족중심주의, 다양성을 배제하고 한 가지 가치만을 주입시키고 강요하는 전체주의적 이데올로기 등을 가리킨다. 인간의 자유로운 정신과 의지의 분출을 가로막는 모든 껍데기들을 니체는 유일신이라고 표현했다.

강고한 자신의 의지로 이러한 껍데기를 깨고 끊임없이 비상을 시도하는 인간을 니체는 초인이라고 말한다. 초인은 매 순간 자신을 극복하고자 시도한다. 만물은 영원 회귀하는 것이기 때문에 한 순간이라도 의지가 굽어지면 초인의 시도는 좌초한다. 돈키호테는 니체가 말하는 초인에 가장 가까운 인물이다. 자신의 신념과 의지로 문명사회의 관습을 정면으로 돌파하고, 해체를 시도하는 돈키호테는 가장 창의적인 인물이다.

승천과 몰락

인물의 구성에서부터 니체는 자신의 의도를 분명히 드러낸다. "차라투스트라는 서른 살이 되었을 때 고향의 호수를 떠나 산으로 들어갔다"는 문장이 책의 첫 문장이다. 서른 살이 되어 갈릴리 호숫가에서 말씀을 선포하기 시작한 예수의 삶을 거꾸로 뒤집은 설정이다. 『차라투스트라는 이렇게 말했다』는 기독교의 교리를 거꾸로 뒤집은 '반기독교 선언'이다. 형식도 내용도 모두 기독교에 대한 정면 도전으로 구성되어 있다.

인간을 너무도 사랑해서 인간의 죄를 대신해서 죽음으로써 인간을 구원했다는 기독교의 가르침을 니체는 맹렬하게 성토하고, 비난하고, 뒤집는다. 그것이 오히려 인간을 망쳤다는 것이 니체의 주장이다. 니체는 이웃사랑이라고 포장된 예수의 그 싸구려 동정심 때문에 인간들이 창조적 마인드를 잃어버리고 관습에 순응해서 대충 살아간다고 말한다. 예수는 인류를 구원한 메시아가 아니라 삶에 대한 주체적 자기결정권을 박탈한 강도라고 보는 것이다.

몰락은 니체의 사상을 이해하는데 가장 중심적인 키워드 중 하나다. 깊은 심연에 침잠하기 위해 밑으로 계속해서 하강하는 초인의 모습을 니체는 몰락이라고 표현한다. 몰락이 있어야 비상이 있기 때문에 초인은 끝없이 몰락을 시도한다. 내적으로 에너지를 응축해서 세상에 쏟아놓기 위해서는 최대한 깊이 몰락해야 하는 것이다. 몰락은 고독하다. 그러나 미래를 위한 준비이기 때문에 희망적이다. 몰락의 깊이가 깊을수록 비상의 높이도 높다. 그래서 차라투스트라는 이렇게 말한다. "늦게야 청년이 되는 자의 젊음은 오래간다."

몰락은 승천에 대비되는 개념이다. 예수는 인간을 구원하기 위해 마지막으로 승천을 시도했지만 차라투스트라는 거꾸로 몰락을 시도했다. 차라투스트라의 정체성을 나타내는 은둔자라는 표현과 주거 공간, 깨달음의 영토로 설정된 동굴과 같은 용어도 몰락이라는 개념을 보강하는 장치다. 니체는 말한다.

> 인간들이여, 하늘나라에 대해 희망을 말하는 자들을 믿지 마라. 신은 죽었으므로 신에 대한 불경은 이제 신경 쓰지 않아도 된다. 하늘나라가 아니라 대지에 충실하라.

니체에게 세계 너머의 세계란 없다. 오직 현세만이 있을 뿐이다. 피안은 신이 창작한 허구다. 세계는 인간들의 의지가 만들어낸 것이다.

시장과 군중

시장은 재화와 서비스가 일상적으로 생산되고 교환되는 공간이다. 군중은 시장에서 상품을 교환하는 불특정 다수를 지칭한다. 상품의 거래와 교환행위에서 발생하는 경제적 이득들은 시민사회를 구성하고 영위하는 데 필수불가결한 요소다. 니체는 주체적 자기결정권을 상실한 채 일상에 매몰된 군상들을 시장과 군중이라는 용어로 표현하고 있다. 그들은 시장에서 광대들이 벌이는 줄타기 공연을 넋을 놓고 바라보고, 즐긴다. 제도권 학자들이 쏟아내는 각양의 이론들과 사상을 무비판적으로 수용하는 대중들을 니체는 이렇게 빗대고 있다. 그들은 자신을 극복하기 위해 어떠한 시도도 하지 않는다. 그들은 자신을 극복하기보다는 동물로 되돌아가기를 원한다. 그들은 벌레고, 원숭이고, 말종末種 인간이다. 그들이 누리는 행복은 똥파리의 행복이다. 그들은 캄캄한 밤에 달과 연애질을 한다. 그러나 정오에 이글거리는 태양의 사랑이 찾아오면 창백한 얼굴을 한 자신의 정체가 탄로 난다. 순진무구함과 창조에의 열망이 모든 태양의 사랑이다. 위대한 일은 모두 시장을 떠난 곳에서 일어난다. 초인은 종種에서 종을 넘어서는 단계로 나아간다.

니체는 초인을 다양하게 묘사한다. 그러나 앞서 말했듯이 표현만 다를 뿐 의미는 모두 같다. 우선, 초인은 착하고 의로운 자들이 적어 놓은 서판書板을 부수는 자다. 착하고 의로운 자는 전통적 가르침을 베푸는 성직자 혹은 교황이며, 그들이 적은 서판이라는 것은 형식적 계율, 규범을 상징한다. 초인은 그 서판을 파괴하는 자이며, 파괴함으로써 새로운 가치를 창조하는 사람이다. 초인은 또한 뱀과 독수리를 거느린 자다. 뱀은 영악한 지혜를 상징하고, 독수리는 비상하는 정신의 힘을 상징한다.

한편, 초인은 의지의 표상이다. 초인은 '나는 해야 한다'고 하는 정신의 명령을 '나는 원한다'는 의지 작용으로 변화시킨다. 낡은 서판에 의하면 신에 의해 모든 것이 창조되었으므로 더 이상 아무 것도 욕망되어서는 아니 된다. 그러나 초인은 신이 창조한 모든 것을 거부하고 자신의 의지로 만물을 새롭게 창조하고자 한다. 초인은 인식함에 있어서 의지의 '생식욕구', '생성욕구'만을 느낀다. 초인의 의지는 바위라도 뚫고 나온다. 초인의 의지는 의지 그 자체, 힘의 의지, 무진장으로 샘솟는 삶의 의지다. 그 힘으로 초인은 끊임없이 자신을 극복하고 뛰어넘는다. 그래서 초인超人이다. 초인은 중력의 영을 거스른다. 중력의 영이 창조한 모든 것—강제와 규정, 필요와 귀결—을 부정한다.

이 지점에서 정신은 낙타에서 사자로 변한다. 사자는 고독하기 그지없는 사막에서 자유를 쟁취하려 하고 사막의 주인이 되고자 한다. 초인은 외친다. "형제들이여, 사자가 되라" 다음에 정신은 사자에서 아이로 변한다. 아이는 순진무구함이며 망각이고, 새로운 출발, 놀이, 스스로 도는 수레바퀴, 최초의 움직임이며, 성스러운 긍정이다. 한마디로 창조의 원천이다. 이때 초인이 머무르고 있던 곳은 얼룩소라는 도시다. 얼룩소는 획일적이지 않다. 초인의 정체성은 다양성, 개성, 통섭에 있다. 초인의 가르침이 전파되는 길도 외길이 아니라 천 개의 오솔길이며, 심연의 깊이를 가진 바다의 욕망도 천 개의 젖가슴으로 솟아오른다. 니체는 유난히 '천'이라는 숫자를 즐겨 쓴다. 정신의 힘이 바위를 뚫을 정도로 단단해지기 위한 훈련의 시간을 니체는 '천'으로 설정하고 있다. 사십이라는 숫자가 욕망의 한계를 나타낸다면 '천'은 인간이 초인이 되기 위해 필요한 인내의 표식이다.

니체는 서양의 합리적 전통에서 비켜 서 있다. 대신 그는 바쿠스적인 광기, 페이소스를 정신의 위대한 요소로 높이 평가한다. 니체가 말하는 초인은 광기의 철학자다. 니체에게 이성은 안일한 자기만족일 뿐이다. 학자들은 이성이라는 방패막이의 뒤에 숨어서 드높은 삶의 경지를 추구하지 않는다. 그들은 물레방아나 절굿공이처럼 일한다. 창조적 힘이 아니라 타성의 힘에 의존한다. 그들이 가진 이성이라는 것은 절름발이 지식이다. 인간을 끝없이 고양시키고 완성시키는 정신의 능력은 이성이 아니라 광기다. 차라투스트라는 이렇게 말한다.

나에게 이성이란 무엇인가? 사자가 먹이를 탐하듯이 지식을 탐하는 것이 아닌가? 이성은 빈곤함과 더러움과 가련하기 그지없는 안일함뿐이다. 보라, 나는 그대들에게 초인을 가르친다. 초인이 바로 광기인 것이다.

합리주의자들은 이성으로 선과 악을 구분하고, 정의를 판가름한다. 이성적 행위가 선이고 이성의 잣대에 부합되는 행위가 정의이다. 이것이 덕이다. 그러나 니체에 의하면 이성은 결코 선악이나 정의의 기준이 되지 못한다. 선악은 오직 자신의 행위에 의해 드러날 뿐이다. 정의도 행위 그 자체에 내재되어 있는 것이다. 정의로운 자는 불꽃을 피우는 자가 아니라 불꽃 그 자체이고, 그 불꽃을 생성시키는 숯이다. 이러한 흠결 있는 이성을 미덕으로 칭송하는 것은 니체에게 구역질나는 역겨움이다. 이들에게 덕이란 겸손하고 양순하게 되는 것이다. 그들은 늑대를 개로 만들었고, 인간 자체를 인간 최고의 가축으로 만들었다. 그 역겨움을 느끼면서 이성을 경멸할 때 인간은 비로소 참다운 행복을 느낄 수 있다.

변두리에 주목하라

"창조 속에는 과거의 역사가 묻혀 있다."

니체와 함께 창조의 의미를 철학적으로 잘 구현하고 있는 사람은 앙리 베르그송Henri Bergson이다. 베르그송은 『창조적 진화』라는 그의 저서에서 창조의 레시피를 풍부하게 제공한다.

르네 베르틀로*는 베르그송의 『창조적 진화』를 '물리학적 소설'이라고 꼬집었다. 베르그송의 이 책을 찬찬히 정독해보면 이러한 평이 나름 일리가 있다고 여겨진다. 그러나 오늘날 베르그송을 소설가라고 말하는 사람은 아무도 없다. 그는 엄연히 철학자이며 『창조적 진화』는 분명히 철학 책이다. 후일 들뢰즈**에 의해 계승되는 베르그송의 생명철학은 독일과는

---

* 프랑스의 철학자. 플라톤 합리주의와 진화론을 종합하고, 진화론적 합리론을 주장했다.
** 대상들의 동일성이 아닌 차이를 강조한 후기구조주의 철학자. 헤겔의 변증법에 정면으로 도전해 동일성으로 통합되는 것이 아닌 차이들이 생성되는 새로운 형이상학을 구축한 것으로 유명하다.

다른 프랑스의 철학적 전통을 잘 보여준다.

베르그송의 『창조적 진화』를 관통하고 있는 핵심 개념은 엘랑비탈^{élan vital}이다. 생명의 비약, 삶의 도약이라는 뜻이다. 그러나 이 개념을 이해하기 위해서는 베르그송이 말하는 지속, 비가역성의 의미부터 먼저 살펴볼 필요가 있다.

베르그송은 인격의 형성, 인간의 문화와 역사를 지속적, 비가역적 현상으로 이해한다. 만물은 예외 없이 매순간의 변화 속에 놓여 있으며, 그 변화는 '정주행'을 특징으로 한다. 모든 변화는 지속적으로 앞으로 나갈 뿐이며 과거로는 되돌아갈 수 없다. 이러한 비가역적 지속을 지탱하는 힘의 원천을 베르그송은 '엘랑비탈'이라고 정의한다.

그런데 엘랑비탈에 의해 이루어지는 창조 속에는 과거의 역사가 묻어 있다. 베르그송에 의하면 창조는 과거와 단절된 채 갑자기 나타나는 유령 같은 존재가 아니라 눈이 조금씩 뭉쳐져서 하나의 사람 형체를 이루는 눈사람과 같다. 눈사람이 하늘에서 내리는 눈꽃과 눈싸움을 하기 위해 주먹에 그러쥔 눈뭉치와는 다르듯이 창조는 과거의 연장에 있지만 과거와는 다른 무엇이다. 그러하기에 베르그송이 말하는 창조는 질료적 창조가 아니라 형상적 창조다.

교향곡 속의 팀파니 소리

사람들은 창조에 둔감하다. 매순간 자신의 삶에서 창조적 변화가 일어나고 있지만 일상에 파묻혀 바쁘게 살다 보면 내적으로 꿈틀대고 있는 그 변화의 징조나 징후, 양태를 제대로 인식하지 못하기가 십상이다. 그것은 우리가 현재와 과거를 불연속적이고 단절된 것으로 인식하기 때문이다. 그러나 현재는 과거와 동일한 지반 위에서 펼쳐지는 연속적인 사면斜面 위에 존재한다.

내가 매일같이 지나다니는 길모퉁이에 어떤 건물이 지어지고 있다고 해보자. 그곳에서는 건축 행위가 꾸준하게 진행된다. 터를 파고, 철근을 박고, 시멘트를 쏟아 붓고, 한 층, 한 층 올리는 작업이 계속된다. 건물은 지속적으로 창조되고 있다. 그러나 내 눈에는 그 경과가 제대로 보이지 않는다. 우리는 어느 날 우연히 길을 가다가 5층까지 올라간 건축물을 보고 '아 저 건물이 벌써 저만큼 올라갔구나' 하고 인식한다. 5층까지 올라간 특정 시점에서의 건축물을 보고서 건축이라는 창조적 행위를 인식하는 것처럼 우리는 모든 현상을 끊어서 인식하는 경향이 있다. 창조는 연속적으로, 지속적으로 이루어지고 있지만 우리는 마디마디만 보기 때문에 창조의 전체적인 그림이 피부에 와 닿지 않는 것이다.

베르그송은 이러한 인식의 결함을 교향곡이 연주될 때 간혹 울려 퍼지는 팀파니 소리에 비유한다. 팀파니 소리는 교향곡이라는 음악이 창조되는 과정 전체를 놓고 볼 때 하나의 점에 불과하지만 우리는 이 팀파니 소리에 유난히 주의를 기울인다. 타악기의 독특한 울림 때문이다. 그렇지만 우리가 아무리 팀파니 소리에 주의를 집중해도 교향곡이 연주되는 과정에서 한 번 지나간 팀파니 소리가 다시 울리지는 않는다. 뒤이어 연주되는 바이올린, 비올라, 첼로 등과 같은 다른 악기의 소리들에 묻혀버린다. 그 팀파니 소리가 다시 들리지 않는다고 해서 교향곡의 연주라는 창조적 행위가 중단되는 것은 아니다. 창조는 한 순간도 쉬지 않고 계속된다. 교향곡의 진행 과정에서 또 다시 팀파니가 들릴 수는 있지만 그 소리는 과거의 팀파니 소리가 아니라 새로운 팀파니 소리다. 과거에 들었던 팀파니 소리는 교향곡이라는 음악의 창조행위에 묻혀 들어간 눈덩이다.

과거가 이와 같이 잔존하므로 의식에 있어서 같은 상태를 두 번 지나간다는 것은 불가능하다고 베르그송은 말한다. 즉, 우리의 인격은 매순간 축적된 경험과 함께 형성되며, 부단히 변화한다. 끊임없이 뻗어나가고 성장하며 성숙한다. 그것의 각 순간은 새로운 것으로서 이전에 있었던 것에 덧붙여진다. 바로 그 때문에 지속은 비가역적이다. 우리는 지속의 단 한 조각도 다시 살 수가 없다고 베르그송은 강조한다.

역사의 부채와 설탕물

우리는 과정보다 주로 결과에 집착한다. 개인뿐만 아니라 기업이나 국가도 마찬가지다. 단기적인 성과에 매몰되는 것이 인간과 조직의 뿌리 깊은 습성이다. 그래서 우리는 황금알을 낳는 거위의 배를 종종 가른다.

그러나 베르그송에 의하면 창조는 예측 불가능한 것이다. 눈사람을 만들 때, 그냥 눈을 뭉칠 뿐이지 최종적으로 완성된 눈사람이 어떤 모습일지 예측하는 것은 불가능하다. 성질 급한 사람이나 기업은 즉각 눈사람 틀을 만들어 눈을 그 속에 집어넣는다. 기하학이나 통계학과 같은 과학적 수단들을 총동원하고 인터넷을 샅샅이 뒤져 눈사람에 관한 자료를 수집해서 짜깁기를 한다. 그렇게 하면 눈사람을 단기간에 많이 만들 수는 있지만 독창적인 눈사람을 기대할 수는 없게 된다.

베르그송은 화가가 그리는 초상화로 비유를 한다. 완성된 초상화는 모델의 생김새와 화가의 성격, 팔레트 위에 풀어놓은 물감들로 설명이 된다. 그러나 그것을 설명하는 재료들을 안다고 해도, 아무도, 심지어 화가조차 그 초상화가 어떤 것이 될지 예측할 수 없다. 왜냐하면 예측한다는 것은 초상화가 그려지기 이전에 그것을 그려낸다는 것을 의미하기 때문이다. 이것은 자기 파괴적인 불합리한 가설이다.

우리는 각자의 삶을 스스로 창조해나간다. 타인이 아니라 내가 내 삶의 주인이다. 내 삶은 내가 설계하고, 내가 시공하고, 건축에 필요한 재료도 내가 구한다. 내 스스로 만든 것이기에 내 삶은 나의 성격에 따라 조금씩 변형될 수도 있다. 창조에는 리스크도 따르고, 뜻하지 않은 결과가 초래될 수도 있다. 그러나 그것을 두려워해서는 안 된다. 이러한 변형과 리스크를 피하기 위해서는 최대한 꼼꼼하게 설계도를 검토하고, 재료를 골라야 한다. 검토가 힘들다고, 재료 구입이 어렵다고 남에게 그걸 위탁해서는 안 된다. 내 문제는 내 스스로 해결해야 한다. 베르그송에 의하면 삶이란 '자기에 의한 자기 창조 행위'이며, 우리 각자는 우리 삶의 제작자이다.

창조는 시간의 함수다. 과거와 현재, 미래가 한꺼번에 펼쳐지는 부채는 없다. 기하학에서는 그것이 가능하지만 생명체들이 만들어가는 역사에서는 그것이 불가능하다. 베르그송은 이를 설탕물에 비유한다. 만약 내가 설탕물 한 컵을 만들려고 한다면 그렇게 서둘러도 소용이 없고, 설탕이 녹기를 기다려야 한다. 설탕물을 빨리 만들기 위해 막대로 설탕을

휘휘 저어보아도 생각대로 뚝딱 그것이 되지는 않는다. 시간이 지나야 설탕물은 만들어진다. 내가 조바심을 낸다고 해서 설탕물이 만들어지는 시간을 내 마음대로 늘이거나 줄일 수 없다. 설탕물을 만드는 것은 사유가 아니라 체험이다. 기하학과 물리학의 업적이 아무리 탁월해도 태양계의 질서 그 자체를 바꿀 수 없는 것과 같은 이치다.

두루마리와 용수철

창조는 삶의 긴장 속에서 이루어진다. 느슨한 일상 속에서 창조는 이루어지지 않는다. 상승 속에서는 창조가 있어도 하강 속에서는 창조가 없다. 베르그송은 이를 두루마리와 용수철의 원리에 비유하고 있다. 즉, 두루마리를 펼칠 때와 용수철이 이완될 때와 같은 하강의 국면에서는 엘랑비탈이 작동하지 않는다. 두루마리를 말 때와 용수철을 수축시킬 때와 같은 긴장이 조성될 때 그 속에 엘랑비탈이 존재하며, 이때 비로소 삶의 창조적 진화가 이루어진다.

강물을 거슬러 오르는 연어만이 알을 낳는 창조적 행위를 할 수 있다는 것을 우리는 잘 알고 있다. 거슬러 가는 것이 힘들다고 연어가 사람들이 만들어놓은 물길을 따라가면 최종 목적지에 도착하기 전에 연어는 죽어버린다. 알을 낳은 창조적 행위는 불가능해진다. 두루마리를 말지 않고서는 창조가 불가능하며, 용수철을 팽팽하게 수축시키지 않고서는 창조가 불가능하다.

가구는 전체로서 가구의 모양을 갖춰야 창조적인 가치를 지닐 수 있다. 서랍을 많이 끼워 넣는다고 더 훌륭한 가구가 되지는 않는다. 창조도 마찬가지다. 부분을 많이 갖다 붙인다고 해서 새로운 것이 창조되지는 않는다. 과거가 창조의 재료인 것은 맞지만 그렇다고 과거의 것을 끌어 모아놓는다고 창조적인 것이 만들어지지는 않는다. 과거 정부의 정책들을 아무리 많이 종합해도 과거 정책의 재탕에 불과하며 같은 내용을 배열만 조금 바꾼 것에 불과한 것처럼. 베르그송은 어떤 사물에 대한 사진을 수천 장 찍어서 겹쳐도 그 사물의 실체를 재현할 수는 없는 것처럼 이러한 행위는 창조적 행위와 거리가 멀다고 말한다.

곡선과 직선의 관계도 이와 같다. 곡선을 미분학적으로 무한히 잘게 쪼개면 곡선을 직선으로 표현할 수 있다. 그렇다고 곡선 자체의 성격이 직선으로 바뀌는 것은 아니다. 곡선은 곡선일 따름이다. 직선이 곡선을 창조할 수는 없다. 미분적 사고가 아니라 곡선을 곡선으로 인식하는 직관력에 의해서만 인간은 곡선의 미학과 예술성을 창조적으로 발견할 수 있다. 이성은 과학적 사고를 가능하게 하고 학문을 풍성하게 만들지만 때로는 창조적 사고를 가로막는 적이 될 수 있다고 베르그송은 경고한다.

창조적 사고는 유동적이다. 창조는 고체화된 핵에 있는 것이 아니라 주변부, 가장자리에 있다. 불꽃놀이를 할 때 하늘을 화려하게 장식하는 것은 중심이 아니라 주변으로 퍼져나가는 불꽃들이다. 답답한 정치의 지형을 창조적으로 바꾸는 것은 권력의 핵심이 아니라 권력의 언저리에 있는 민초들이며, 기업의 새로운 문화를 창조하는 것도 조직의 중심이 아니라 주변부의 다양한 '장그래'들이다.

베르그송의 말을 직접 음미해보자.

창조를 꿈꾸는 우리는 표상을 둘러싸고 있는 가장자리의 모호한 표상들에 의해 도움을 받을지도 모른다. 이 무용한 가장자리는 실제로 우리의 유기조직의 특수한 형태로 수축되지 않은, 그리고 몰래 숨어 들어온, 진화하는 원리의 일부다. 우리 사유의 지적 형식을 확장하기 위한 정보를 찾으러 가야 할 곳은 바로 거기다. 바로 거기서 우리는 우리 자신을 넘어서는 데 필요한 생명의 약동을 길어낼 수 있을 것이다.

창조에는 경계가 없다

"결핍은 창조의 어머니이고, 욕망은 창조의 아버지다."

창조의 속성 가운데 가장 두드러진 것 중 하나는 창조에는 경계가 없다는 사실이다. 베르그송이 말하듯이 창조는 매 순간 우리의 삶 속에서 일어난다. 따라서 창조에는 어떠한 틀도 경계도 있을 수 없다. 창조를 가로막는 경계는 니체가 말하는 신이다. 경계를 없애는 것은 신을 죽이는 것이다.

제임스 조이스는 문학의 경계를 허물어 새로운 문학을 창조했다. 문학가들이 만들어낸 캐릭터 가운데 가장 창조적인 인물이 돈키호테라면 문학가 중에서 가장 창조적인 인물은 바로 제임스 조이스다. 특히 제임스 조이스의 작품 가운데 『율리시스』와 『피네간의 경야』는 융합과 통섭이라는 창조의 외연에서 볼 때 가히 독보적이다.

블룸스 데이와 의식의 흐름

호머의 『오디세이』는 『일리아드』와 함께 서사의 전범典範이다. 두 작품은 서구의 문명사라는 큰 산을 정복하기 위해 반드시 거쳐야 하는 코스다. 이 코스를 거치지 않고 정상을 오르다 보면 고지 곳곳에서 유턴 표시를 만나게 된다. 원점 회귀다.

제임스 조이스의 『율리시스』는 책의 편제 자체를 아예 『오디세이』 식으로 구성했다. 책은 텔레마코스로 시작해서 페넬로페로 끝난다. 텔레마코스는 『오디세이』의 주인공 오디세우스 장군의 아들이고, 페넬로페는 그의 아내다. 그렇다고 『율리시스』의 내용이 『오디세이』와 직접적으로 연관되어 있는 것은 아니다. 비슷하게 유추할 수는 있지만 본질적인 유사성은 없다. 트로이 전쟁이 끝난 후 자신의 고향인 이타카로 귀향하는 과정에서 오디세우스 장군이 겪은 각종 모험담이 『오디세이』의 내용을 구성하고 있듯이, 『율리시스』는 소설의 주인공 블룸이 1904년 6월 16일 아침 8시 집을 나가서 다음날 새벽 1시 귀가할 때까지의 일상을 의식의 흐름이라는 독특한 기법으로 추적하고 있는 작품이다. 아일랜드는 6월 16일을 블룸스 데이Bloom's Day로 지정해서 기린다. 블룸이 돌아다닌 더블린 시내의 도서관과 주점, 해변, 우체국, 공원, 병원, 거리 등에는 이날 세계 각국에서 모인 관광객들로 북적인다.

하루 동안 벌어진 일인데 『율리시스』의 내용은 번역본 기준으로 1200페이지가 넘는다. 다 읽고 나면 진이 빠질 정도로 분량이 방대하다. 실제로 발생한 사건만 기술한다면 10페이지도 채 안 되는 내용이지만 의식의 흐름을 줄줄이 기술하다 보니 분량이 이렇게 늘었다. 예를 들어 수돗물 이야기가 나오면 한강, 낙동강, 대동강 이야기를 다 주워섬기고, 수질관리, 수질오염 등 잡다한 정책에서부터 물의 화학적 성분, 정제 원리 등등에 이르기까지 모조리 다 훑는 식이다. 광화문을 걸으면서 옛날 애인, 그녀와 거닐었던 덕수궁 돌담길, 그때 나누었던 대화, 저녁의 호프집, 호프집에서 만난 친구들과의 시국 토론 등등과 같이 블룸은 더블린 시내를 돌아다니면서 과거를 회상한다. 그 과거의 범주에는 인류의 문명사에서부터 인체의 생물학적 특성에 이르기까지 온갖 잡다한 지식들이 죄다 포함된다. 제임스 조이스의 머릿속에 있는 모든 지식들이 총동원된다고 보면 된다.

『율리시스』의 14부, 「태양신의 황소들」이라는 에피소드를 직접 한 번 살펴보자. 여기서 블룸과 스티븐, 멀리건 등 소설의 주요 등장인물들은 난산難産으로 고통 받고 있는 퓨어포이 부인을 위로하기 위해 방문한 아일랜드 국립병원에서 임신과 출산, 성의 사전 결정, 유아 사망률, 낙태의 윤리성, 여성의 처녀성 등에 대해 토론한다. 토론은 결국 예술의 유한성과 인간의 윤회, 선험론과 과학적 방법론이라는 철학적 문제로까지 발전한다. 실제 일어난 일은 퓨어포이 부인이 난산의 위기를 잘 넘기고 무사히 아이를 출산했다는 간호사의 전갈 딱 한 마디밖에 없다. 나머지는 토론에 참여하고 있는 화자들, 실제로는 제임스 조이스 자신의 머릿속에 저장되어 있는 백과사전적 지식들이다. 이 장면을 조이스는 이렇게 적고 있다.

지금까지 계속되었던 토론은 그 범위나 진행에 있어서 인생행로의 하나의 축도(縮圖)였다. 장소도 토의도 권위에 있어서 부족함이 없었다. 토론자들은 나라 안에서도 제일가는 명석한 두뇌를 가진 사람들로, 그들이 다루는 논제 역시 가장 고상하고 가장 활력 있는 것이었다.

화자들의 지적 수준에 대한 조이스의 이러한 코멘트는 결국 조이스 자신의 지적 우월감에 대한 몽상적 평가에 다름 아니다. 실제로 조이스는 천재지변으로 더블린이 없어져도 『율리시스』에서 자신이 기술한 방식에 따라 복구하면 완벽하게 재건할 수 있다고 호기롭게 자신의 천재성을 자랑한 바 있다.

마지막 장인 18부 페넬로페 에피소드 파트에서는 블룸의 아내 몰리가 남편, 과거의 애인, 현재의 애인, 미래의 애인을 무차별적으로 등장시켜 그들과의 성 관계를 노골적으로 묘사한다. 아니 상상한다. 이 파트에서 실제로 일어난 일은 몰리가 월경을 하는 장면 딱 한 문장뿐이다. 80페이지에 달하는 나머지는 모두 몰리의 머릿속에서 흐르고 있는 기억, 상상, 추리, 냉소, 흥분과 같은 정신 혹은 감정의 작용이다.

소설이 발표된 1920년대 초반에 외설 시비로 출판이 금지되는 우여곡절이 있었던 것은 이 18부의 노골적 성행위 묘사 장면 때문이다. 다행히 미국의 판사 울지의 판결로 『율리시스』는 우리들에게 포르노가 아니라 고전으로 남아 있다. 울지는 판결문에서 이렇게 말한다.

"본인은 『율리시스』가 몇몇 장면들로 인하여 어떤 민감한, 비록 정상적이지만, 사람들이 취하도록 권하기에는 오히려 독한 음료임을 아주 잘 알고 있다. 그러나 오랜 반성 끝에 내린 나의 신중한 의견은, 『율리시스』의 효과가 많은 부분에서 의심할 바 없이 약간 메스껍다 할지라도, 어디에도 그 책이 최음제가 취급당할 부분이 보이지 않는다. 그런고로 『율리시스』는 합중국 내에서 출판이 허용될 수 있다."

예술가의 영혼이 느껴지는 멋진 판결이다.

결핍된 것에 대한 욕망의 에피파니

제임스 조이스의 『율리시스』 난해하기로 소문난 책이다. 분량도 분량이지만 의식의 흐름이라는 기법으로 쓴 책이라 조금만 집중력이 떨어져도 독자로서는 소설의 맥을 놓치기가 십상이다. 게다가 정치, 철학, 언어, 종교, 신화, 미학, 음악, 의학 등 잡다한 분야의 방대한 지식들이 산더미처럼 쌓여 있어 그 맛을 제대로 음미하면서 책을 독파하려면 상당한 수준의 인내심이 요구된다. 나의 경우 항해하듯이 전개되는 소설을 좇아가다가 실제로 멀미를 경험하기도 했다. 아무튼 독특한 책이다.

따라서 멀미를 피하면서 항해를 무사히 마치기 위해서는 멀미약과 같은 사전적 준비물이 필요하다. 가장 효과적인 준비물은 핵심 키워드다. 이것을 미리 숙지하고 항해를 하면 최소한 멀미는 피할 수 있다. 내가 이 책에서 발견한 핵심 키워드는 결핍이다.

앞서 지적했듯이 인간은 결핍된 존재다. 결핍은 정신분석학에서 말하는 콤플렉스와 같은 개념이다. 실제로 제임스 조이스는 자신의 딸 루시아의 정신착란증에 대해 상담한 것을 계기로 프로이트와 절친한 사이가 되었으며, 사상적으로 그의 영향을 많이 받았다.

『율리시스』에 자주 등장하는 표현을 빌리자면, 프로이트는 조이스에게 '영혼의 숫돌'이었다. 제임스 조이스는 프로이트의 정신분석 기법을 통해 그의 예술적 기법을 예리하게 갈고 닦았다. 이런 시각에서 『율리시스』를 한마디로 요약하면 '결핍된 것들에 대한 욕망의 에피파니Epiphany'이다.

결핍된 무엇인가를 충족시키기 위해서 인간은 끊임없이 욕망한다. 『율리시스』에서 표면적으로 드러나는 욕망 가운데 가장 두드러진 것은 정치적 자유에 대한 갈망이다. 아일랜드가 영국으로부터 독립한 것은 1921년이다. 조이스가 이 책을 출간한 시기와 맞물린다. 조이스가 책의 원고를 본격적으로 집필하던 1914년부터 1920년까지는 따라서 아일랜드의 정치적 독립이 지식인들의 첨예한 관심사였다. 보수주의자들과 자유주의자들, 가톨릭과 신교도들 사이에서는 영국으로부터의 정치적 독립을 놓고 찬반 논쟁이 뜨거웠다.

『율리시스』에는 시민사회의 이러한 욕망들이 곳곳에서 드러난다. 특히 책의 12부인 키클롭스 에피소드에서는 이에 대한 논쟁이 격렬하게 전개된다. 조이스 자신도 책의 스키마에서 이 파트의 예술적 상징을 '정치학'이라고 명명하고 있다. 1798년에 있었던 아일랜드의 혁명적 독립운동과 1867년에 있었던 페니언 당원들의 정치적 반란 사건, 보어전쟁* 등을 비롯하여 광범위한 정치적 이슈들이 화제로 등장한다. 아일랜드의 경제적

---

* 1899년~1902년 남아프리카에서 벌어진 영국과 네덜란드 후손들이 세운 트란스발 공화국간의 전쟁, 아일랜드의 급진주의자들은 영국에 항거하기 위하여 기병대를 자원 이 전쟁에 참전했다.

부를 수탈하는 영국은 멸시와 경멸의 대상으로, 영국 국민들은 개 같은 놈으로 묘사된다. 영국은 '해가 지지 않는 제국'이 아니라 '해가 뜨지 않는 제국'이다.

> "영국 놈들을 경멸하라! 불신의 영국! … 앵글리아의 불결영인不潔英人들은 우리들의 폐허화한 산업과 우리들의 폐허화한 가정에 대하여 무엇을 책임져야 하는가? … 우리의 눈은 유럽을 감시하고 있다. 우리는 저 개놈들이 새끼를 치기 전에 스페인 및 프랑스 인들과 그리고 벨기에 인들과 교역했지 … 그 위에 태양은 결코 뜨지 않아 … 강탈당하고, 약탈당하고, 모욕당하고, 박해당한 채 정당하게 우리에게 속하는 것을 빼앗기고 있어. 지금 바로 이 순간에도."

제임스 조이스는 아일랜드의 화폐에도 등장한다. 우리나라의 세종대왕, 이순신과 맞먹는 국보급 인물이 조이스다. 영국에 셰익스피어가 있다면 아일랜드에는 제임스 조이스가 있다.『율리시스』에서 결핍된 욕망으로 등장하는 또 다른 키워드는 바로 셰익스피어다. 셰익스피어는 조이스의 표현을 빌리자면, 하느님 다음으로 많이 창조한 인물이다. 제임스 조이스는『율리시스』에서 아일랜드의 셰익스피어가 되고자 하는 욕망을 드러내고 있다. 햄릿, 오텔로, 리어왕, 맥베스와 같은 셰익스피어의 주요 작품들은『율리시스』곳곳에서 그 내용이 소개되고 인용된다. 그리고 은밀하게 비판된다. 셰익스피어를 둘러싼 각종 부정적 논란들이 여과 없이 작품 속에 배치되는 형식이다. 배치는 욕망의 표현이고, 권력의지다. 한 걸음 더 나아가 작중에서 조이스는 셰익스피어를 능가하는 문인으로 욕망된다. 조이스는 9부 스킬라와 카립디스 에피소드에서 이 욕망을 직접 드러내고 있다. "우리들의 젊은 아일랜드 시인들은 색슨인인 셰익스피어의 햄릿과 비길 인물을 여전히 창조해야 해" 블룸은 제임스 조이스가 자신의 욕망과 의지로 창조해낸 아일랜드의 햄릿이다.

결핍은 창조의 어머니이고, 욕망은 창조의 아버지다. 창조적 청년이 되고 싶은가? 그렇다면 내 안에 결핍된 것을 끊임없이 욕망하라. 욕망은 상상력에서 시작된다. 소설 속의 또 다른 주인공이자 제임스 조이스 자신의 분신인 스티븐 데덜러스는 이렇게 말한다. "어머니가 매일 매일 우리들의 육체의 분자들을 좌우로 흔들면서 짜거나 풀듯이, 예술가는 자신의 이미지를 짜거나 푸는 거요. 상상력이 가장 강렬한 순간에 과거의 나는 현재의 내가 되며, 그리하여 필경 미래의 내가 되는 거요."

엔텔러키와 포스트모더니즘

조이스가 작품의 기법으로 선택한 의식의 흐름에는 철학적 배경이 깔려 있다. 아리스토텔레스 철학의 핵심 개념 중 하나인 엔텔러키Entelechy가 바로 그것이다. 엔텔러키는 형이상학에서 완전한 현실의 실재, 생명력, 창조의 원초적 에너지를 뜻한다. 끊임없이 변하는 만물들을 영원한 실재적 형상으로 간직할 수 있는 것은 기억밖에 없다. 그리스로마 신화에 등장하는 아홉 명의 뮤즈는 이러한 사실을 상징적으로 보여주는 메타포다. 뮤즈들은 제우스가 기억의 여신인 므네모시네와 동침해서 낳은 자식들이다. 『오디세이』가 호머 한 사람의 작품으로 알려져 있지만 사실은 집 단기억에 의한 서사를 호머라는 시인이 종합한 것일 가능성이 높다. 조이스가 『오디세이』의 줄거리를 『율리시스』의 대응적 구조로 선택한 것도 그 때문이다. "분자는 완전히 변하고 있다. 나는 지금 다른 나다. 음, 음. 그러나 나, 생명력(엔텔러키), 형태들 중 형태인 나, 영원히 변하는 형태 하에 있기 때문에 기억에 의해 있는 나."

　모든 인생이란 수많은 날의 연속이지만, 언제든지 마지막에 만나는 것은 우리 자신이다. 의식의 흐름은 우리 자신의 민낯을 만나기 위한 가장 정직한 수단이다. 일상에서 나 자신이 만나는 나라는 인간은 이성적 차원을 넘어선 존재다. 나의 의식 속에는 온갖 욕망들이 존재한다. 욕망은 결코 이성적이지 않다. 충동적이기도 하고, 때로는 배설물처럼 더럽고 지저분하기도 하다. 모더니즘은 이성이라는 이름으로 인간을 예쁘게 포장했지만 포스트모더니즘은 포장지 속의 진짜 인간의 모습을 바라보려 한다. 『율리시스』가 포스트모더니즘의 선구적 작품으로 여겨지는 것은 이러한 이유 때문이다.

　『율리시스』는 프로이트의 정신분석학 기법을 도입하여 문학에서 포스트모더니즘 시대를 개척한 기념비적인 작품이다. 조이스는 전통적인 소설의 기법과 형식을 완전하게 파괴하고 새로운 기법을 창조했다. 18개의 파트로 나뉜 소설은 의식의 흐름이라는 기법 외에도 각종 창의적인 발상들로 넘쳐흐른다. 띄어쓰기, 맞춤법, 구두점의 파괴는 기본이고, 문장 자체를 엿가락처럼 늘리거나("제임스 조이이이이이이이이스"와 같은 식이다) 아예 거꾸로 뒤집어놓은 경우도 있다. 정물화처럼 사실감 있게 묘사되는 파트가 있는가 하면, 판타지 같은 파트도 있다. 장르로는 소설과 희곡이 교차하는가 하면, 서술 방식은 대화체와 독백이 자유자재로 작품 세계를 넘나든다. 15부인 키르케 에피소드에서 블룸의 아버지 비러그는 자신의 머리를 나사처럼 돌려 빼어 겨드랑이에 낀다. 그리고 무대에서 머리와 팔이 별도로 퇴장한다. 이 장면에서 조이스의 창조적 상상력은 절정에 달한다. 조이스의 머릿속에는 이미 로봇이 들어 있다. 그래서 『율리시스』는 니체의 『차라투스트라는 이렇게 말했다』와 함께 창조학의 교과서로 불릴 만하다. 창조적 사고를 기른다는 인문학의 학문적 지향성에서 볼 때 『율리시스』는 가장 뛰어난 참고서임에 틀림없다. 등정하기에 무척 힘들지만 만족감은 크다. 에베레스트를 정복하고 난 후에 느끼는 희열감, 『율리시스』는 그런 카타르시스를 맛볼 수 있는 몇 안 되는 고전 중 하나다.

도가적 윤회와 통섭의 종결자

제임스 조이스의 작품에는 '보편적 서사로 승화된 일상적 삶'이라는 하나의 문학적 메시지가 자리잡고 있다. 이 메시지는 조이스의 대표작인 『젊은 예술가의 초상』, 『율리시스』, 『피네간의 경야』 속에서 계통적 통일성을 띠고 있으며 순차적으로 보편성의 공간적 영역이 확장되는 특징을 갖고 있다. 『젊은 예술가의 초상』에서는 보편성의 범주가 아일랜드라는 국지적 공간에 한정되었다. 그렇지만 『율리시스』에서는 민족국가의 경계를 벗어나 세계성을 확보한다. 『피네간의 경야』는 그 종점이다. 여기서 조이스는 민족과 국가 외에 언어, 문화, 삶과 죽음 등 인간을 둘러싸고 있는 모든 시공간적 경계를 허물고 우주적 서사를 탄생시킨다.

눈을 뜬 채 활동하는 낮의 인간이 아니라 잠을 자고, 꿈을 꾸는 인간의 모습을 그리고 있기에 『피네간의 경야』는 본질적으로 판타지다. 『율리시스』에서 조이스는 블룸이라는 주인공의 낮 시간 행적을 의식의 흐름이라는 기법으로 추적했고, 『피네간의 경야』에서는 '이어위크(HCE)'라는 주인공의 밤 시간 행적을 무의식의 흐름이라는 기법으로 추적했다. 이책이 난해한 것으로 알려진 것은 이 때문이다. 무의식의 흐름이기에 의식을 가진 인간이 읽을 수 있는 선을 넘어선 것이다. 꿈을 이성적으로 완벽하게 분석하고, 묘사하는 것이 불가능하듯이 『피네간의 경야』도 마찬가지다. 무척 어렵고 난해하고 복잡하다. 분량이 많아 지루하고 따분하기까지 하다. 그렇다고 독서의 즐거움을 기대하는 범인들이 비집고 들어갈 틈조차 없는 것은 아니다. 판타지라 생각하고 눈 가는 대로 읽다 보면 어렵지만 제법 그 맛을 느낄 수 있다. 물론 조이스의 다른 작품들과 마찬가지로 고도의 인내심이 필요하지만 말이다.

작품의 말미에서 작가 자신이 밝히고 있듯이 조이스는 이 작품을 집필하는 데 무려 17년이라는 세월(1922-1939)을 쏟아 부었다. 하루 평균 14시간 정도 투자를 해서 원고를 썼다고 하니 그 공력이 가히 짐작되고 남는다. 조이스는 왜 이렇게 오랜 세월 『피네간의 경야』에 매달렸을까? 『율리시스』 서평에서 말했듯이 일종의 문학적 강박증이라고 설명할 수밖에 없다. 강박증의 한가운데는 셰익스피어를 넘기 위한 몸부림이 도사리고 있다. 조이스는 무의식의 흐름을 집요하게 추적해서 셰익스피어가 도달하지 못했던 새로운 영역을 개척하는 데 성공했다. 프로이트와 교제하면서 얻은 영감이 있었기에 이 작업이 가능했을 것이다.

특수성을 낱낱이 해체하고 끝까지 가다 보면 결국 마지막 지점에서 만나는 보편성의 극점은 신의 영역이다. 그래서 조이스의 작품세계, 특히 『피네간의 경야』에서 우리는 스피노자의 철학적 핍진성을 마주한다. 일상어로서 조이스가 썼던 영어는 보편성의 견지에서 볼 때 버려야 할 언어다. 영어권의 대표주자 셰익스피어도 결국 버리고 넘어야 하는 대상이다. 그렇다고 게일어(아일랜드 토속어)가 대체적 언어로 쓰일 수는 없다. 그것은 또 다른 특수성이다. 우주적 보편성을 위해서는 이것도 넘어야 한다. 그렇다면 답은 뭘까? 지구상에서 사용되는 모든 언어를 혼합하는 것이다. 『피네간의 경야』에서 조이스가 지구상에서 사용되고 있는 언어를 총동원한 것은 이 때문이다. 몇 가지 언어가 실제로 사용되었는지를 헤아리는 것은 일반 독자에게 중요하지도 않을뿐더러 또 사실상 불가능한 작업이다. 조이스 연구가들의 주장에 의하면 60여 가지의 언어가 사용되었다. 작품에서 조이스가 직접 밝히고 있는 것은 606개다. "그대의 악초 마가본의 토착언어에는 꼬박 606개의 개쑥갓어가 있나니…"(15장 심문받는 욘) 물론 그것이 다 사용되었는지는 별개의 문제일 수 있다. 조이스는 언어가 분화되기 전의 세계, 즉 바벨탑 이전 세계—프리바벨탑—으로 회귀함으로써 신의 영역에 가까이 다가서고자 했다. 의도치 않았지만 그는 신이 되고자 했던 것이다. 셰익스피어를 넘어서기 위해서는 그것이 유일한 길이었을까? 조이스가 제15장 심문받는 욘 편에서 셰익스피어를 합자회사의 소매상인으로 전락시킨 것은 그러한 욕망의 표현일 것이다.

『피네간의 경야』에서 우리는 노자의 도가적 윤회사상을 만난다. 불가에서 말하는 윤회사상의 흔적도 엿보이지만 그보다는 노자의 『도덕경』
이 먼저 떠오른다. 불가에서는 윤회가 이루어지는 과정에서 인연의 끈을
강조하지만 도가에서는 이마저도 전제하지 않는다. 노자가 말하는 도는
시작도 없고, 끝도 없다. 『도덕경』 첫 구절에 나오는 것처럼 도라고 말할
수 있는 것은 이미 도가 아닌 것이다. 『피네간의 경야』도 마찬가지다. 조
이스 자신이 밝혔듯이 이 작품은 시작도 없고 끝도 없다. 책 모든 곳에
시작이 있고, 모든 곳에 끝이 있다. 끝은 또 하나의 시작이고, 시작은 또
하나의 끝이다. 추락에는 죽음이 따르지만 죽음 뒤에는 부활이 따르며,
출가가 있으면 귀가도 있다. 죽은 자의 시신 곁에서 노래하고, 기도하고,
함께 밤을 지새우는 경야經夜, wake 의식儀式은 그래서 삶의 끝이 아니라 새
로운 시작을 위한 축제이기도 하다.

HCE는 ALP(아나 리비아 플루라벨, 주인공 이어위크의 부인)의 시작이고,
ALP는 HCE의 끝이다. 구성적 윤회와 함께 내적 윤회도 그들의 숙명
이다. 그래서 HCE는 HEC가 되기도 하고 CHE가 되기도 하며, ALP는
PLA, LAP가 되기도 한다. 그들의 정체성은 고정된 것이 아니라 무한히
변화되는 가운데서 궁극적으로 HCE와 ALP로 회귀한다. 그들의 아들 숀
과 솀도 서로에게 시작이자 끝이다. 그들은 계란의 알(卵)처럼 서로가 서
로에게 존재이유이자 죽음의 이유이다. 숀과 솀은 서로를 심문하고, 변호
하고, 소통한다. 그들은 형체가 있는 혈육이기도 하고, 역사적 인물이기
도 하고, 우주적 서사의 주인공이기도 하다. 숀이 작중에서 죤이 되기도
하고, 욘이 되기도 하는 것은 그 때문이다. 알이 우선인지 병아리가 우선
인지 구분할 수 없듯이 형제는 시간적 우선성과 후천성에 의해서 구분

되지 않으며 단지 우주의 보편적 인자因子의 하나일 뿐이다. 아담과 이브는 그래서 아담원자原子, 이브가설假說로 표현되며, 모세와 노아는 모세이끼와 노아소음으로 표현된다. (제14장, 성 브라이드 학원 앞의 죤).

윤회는 비단 인간의 생성과 소멸에만 적용되지 않는다. 모든 자연의 운행 원리다. 그래서 『피네간의 경야』에서는 월요일과 화요일이 없다. 대신 내요일來曜日과 송요일送曜日이 있을 뿐이다. "알파와 오메가, 그런고로 그대가 지금 거기 있듯 그들이 과거에 거기 있었나니, 그때 만사는 다시 끝나고, 그들과 더불어 네 사람이 … 그들 네 사람 … 이제 모두들 사라졌다." (제4장, HCE의 죽음과 부활). 『피네간의 경야』는 모두 이런 식이다. 작품의 구성도 윤회, 서술도 윤회다. 『피네간의 경야』에서 우주와 만물은 서수적, 기수적 법칙이 아니라 윤회의 법칙에 따라 무한히 움직인다. 모든 것은 절대적 가치가 아니라 상대적 가치를 가진 서로의 원인이자 결과이다. 이 때문에 조이스의 작품은 문학계의 상대성 이론에 비유되곤 한다.

마지막 장인 17장 회귀 편에 나오는 다음 인용문에서 우리는 조이스의 윤회 사상을 풍부하게 엿볼 수 있다.

우주좌宇宙座의 그들에게 듣고 있도다. 도시와 궤도구軌道球, 연속시제連續時制에서 그때의 지금은 지금의 그때와 함께 들었는지라. 지금까지 들어왔던 자는 연속 들으리로다! 들을지라! 세 번의 시보교환타時報交換打에 의해, 차임 종소리, 억수만년에 걸친 비대남肥大男과 왜숙녀矮淑女의 시대가 그토록 많은 미분微分에 의해 정확히 석년昔年 모월母月 야주간夜週間 주간일晝間日 개시開時로 수시간數時間이 될지니, 우리들의 거대여격巨大輿格 거대탈격巨大奪格 및 우리들의 쉬쉬 어머니, 전처前妻와 함께 활남편活男便, 그리고 그들의 아이들 및 그들의 이웃들 및 그들의 이웃들의 이이들의 이웃들 및 그들의 가재家財 및 그들의 용인傭人들 및 그들의 혈연자들 및 그들의 동류의 내외 찌꺼기 및 그들의 것이었고 그들의 것일 그들의 모든 것.

통섭이라는 인문학의 가치에 비추어 볼 때 『피네간의 경야』는 가히 그 종결자라 할 수 있다. 지구상의 언어를 모두 동원해서 그걸 분해하고, 재조립해서 독자적인 언어(피네간 언어)를 탄생시킨 것부터 조이스의 이 작품은 그러한 평가를 받기에 손색이 없다. 그러나 언어의 융합은 형식에 지나지 않는다. 이 작품에 통섭의 종결자라는 찬사를 보낼 수 있는 이유는 형식이 아니라 내용에 있다. 동양과 서양의 문화적 경계, 의식과 무의식의 정신적 경계, 삶과 죽음이라는 존재의 경계 등 『피네간의 경야』에서 모든 울타리는 해체된다, 그리고 새롭게 탄생된다.

경계를 너무 허물었기 때문에 작품의 내용을 종잡을 수 없고, 그래서 대중성을 확보하는 데는 실패했지만, 그 실패는 당대에 그치고 있을 뿐이다. 백 년 후, 천 년 후, 만 년 후에는 조이스의 작품이 현실이 될 수도 있다. 그때 우리의 후손들은 이 작품을 쉽고 재미있게 읽을 것이다. 인류 역사란 결국 섞임의 역사이기 때문이다. 유럽과 아시아가 섞이고, 백인들과 아메리카 원주민이 섞이고, 한글에 영어가 섞이고, 몽고어에 한글이 섞이고, 아랍어에 라틴어가 섞이듯이 모든 문화와 언어는 궁극적으로 하나로 섞일 것이다. 융합은 그 자체로서 하나의 불가역적 흐름이다. 일전의 TPP 논란에서 보았듯이 무역과 경제, 자본의 혼합은 그 전초전이다.

모나드는 진화한다

"한 가지 원인을 밝혀내면 그것은 또 다른 원인으로 소급되고,
이 과정은 무한히 되풀이된다."

우리는 고트프리드 라이프니츠^{Gottfried Wilhelm Leibniz}의 철학에서도 창조에 관한 영감을 얻을 수 있다. 라이프니츠가 말하는 모나드는 진화한다. 앞서 베르그송에서 보았듯이, 인간은 거듭 진화를 한다. 그리고 진화는 창조와 직결된다.

『자연과 은총의 이성적 원리』는 모나드론과 창조의 관계를 가장 잘 이해할 수 있게 해주는 라이프니츠의 대표작이다. '이것이 모나드'라고 구체적으로 꼭 찍어서 설명하고 있지는 않지만—라이프니츠의 어느 책에서도 이렇게 친절한 설명을 찾아볼 수는 없다—전체적인 맥락을 통해서 모나드론의 윤곽을 잡을 수 있다. 라이프니츠 철학을 이해하려면, 그의 철학을 관통하는 개념인 모나드가 무엇인지 살펴봐야한다.

모나드와 예정조화

모나드는 존재를 구성하는 최소 단위를 말한다. 플라톤이나 피타고라스와 같은 그리스 철학자들이 처음 사용했지만 라이프니츠가 체계화시켰기 때문에 라이프니츠 사상의 고유 브랜드처럼 인식되고 있다. 모나드는 단일성 또는 하나를 의미하는 그리스어 모나스에서 그 유래를 찾을 수 있다. 모나드가 하나를 의미한다고 해서 숫자 1과 같은 개념은 아니다. 1은 0.5와 0.5로 나눌 수 있지만 모나드는 그렇지가 않다. 더 이상 쪼갤 수 없는 최후의 단일성이 모나드이며, 완벽하게 하나가 된 실체가 모나드다. 모나드는 우리말로 단자單子라고 번역되는데 엄밀하게 볼 때 이러한 번역은 오해의 소지가 있을 수 있다.

데모크리토스가 말하는 물질의 최종적 구성 단위인 원자原子, 혹은 물리학에서 말하는 입자粒子와 같은 맥락으로 해석될 수 있기 때문이다. 그러나 라이프니츠가 말하는 모나드는 원자, 입자와 근본적으로 다른 개념이다. 원자나 입자는 물질이기 때문에 이론상 계속해서 더 쪼개질 수 있다. 그러나 모나드는 물질적인 개념이 아니기 때문에 더 이상 쪼갤 수 없다. 모나드는 단순한 실체, 생명체, 영혼, 정신처럼 더 이상 나눌 수가 없다.

모나드에는 세 가지가 없다. 첫째, 부분이 없다. 모나드는 하나의 완전한 단일체이기 때문에 부분을 가질 수 없다. 둘째, 형태가 없다. 형태를 가진다는 것은 그것을 부분으로 나눌 수 있다는 것을 의미하므로 모나드는 형태를 취하지 않는다. 형태가 없으므로 모나드는 생성될 수도 없고 파괴될 수도 없다. 자연의 변화 과정에서 시작도 끝도 가질 수 없고,

변화는 하지만 소멸되지 않는 우주와 마찬가지로 계속 존속한다. 셋째, 창문이 없다. 모나드는 지각이나 의지와 같이 자신의 내적인 특성과 활동에 의해서만 다른 모나드로부터 구별할 수 있다. 외부에서는 그 어떠한 것이라도 모나드에 침투할 수 없으며, 영향을 미칠 수 없다. 그러나 모나드가 단순하다고 해서 사물의 다양성을 부정하지는 않는다. 한 중심 또는 점이 아무리 단순하다 해도 그 안에서 만나는 직선들을 통하여 만들어지는 무수히 많은 다양한 각도가 그 안에 존재하는 것처럼 모나드는 사물들의 무한한 다양성을 외연으로 갖는다.

모나드에는 등급이 있다. 물건을 품질에 따라 상품과 하품으로 나누듯이 모나드도 우열을 구분할 수 있다. 차 사고로 잠시 실신했다가 깨어나는 사람은 정신이 돌아오면서 서서히 지각이 또렷해진다. 실신한 상태나 꿈을 꾸는 사람이 가지는 지각과 같이 모호한 상태의 모나드는 이성적 고양으로 명확하고 판단력이 확실한 우월적 모나드로 진화한다. 라이프니츠 본인이 든 예를 가지고 조금 더 쉽게 설명하면 이렇다. 여기 개가 한 마리 있다. 이 개는 어제 저녁 주인에게 매를 맞았다. 오늘 주인이 회초리를 들면 개는 도망간다. 개가 도망가는 것은 판명한 이성적 지각 때문이 아니라 어제 저녁의 기억 때문이다. 라이프니츠는 사람들의 지각 중 3/4은 이런 종류라고 말한다. 즉 이성적 판단에 의한 것이 아니라 경험적 기억, 습관에 의한 지각이라는 것이다. 라이프니츠는 일출에 대한 지각의 차이에 대한 예도 들고 있다. 일반적인 사람들은 지금까지 그래왔기 때문에 내일도 해가 뜰 것으로 생각하지만 천문학자들은 이성적 분별력, 이론적 추리 능력 등으로 판명하게 이 사실을 지각한다.

하등의 모나드로 구성되는 정신의 집적물을 라이프니츠는 동물이라고 표현한다. 이성적 훈련으로 지각 능력이 차츰 고양되면 인간은 모호한 지각 상태를 벗어나 판명한 지각을 가지게 된다. 자꾸 자꾸 진화하면 정신은 완전해진다. 라이프니츠는 이 원리를 이렇게 정리한다.

> 진정한 이성적 추리는 논리학, 대수, 기하학의 진리와 같이, 관념들 간의 의심할 수 없는 추리를 산출하는 필연적 또는 영원한 진리에 의존한다. 이러한 추리가 불가능한 생명체들은 동물이라고 불린다. 그러나 필연적 진리를 인식하는 생명체들은 원래적인 의미에서 이성을 가진 생명체라고 하고 그들의 영혼은 정신이라고 불린다. 이러한 영혼들은 반성을 할 수 있고, 사람들이 자아, 실체, 영혼, 정신이라고 부르는 것, 한 마디로 비물질적 사물과 진리를 파악할 수 있다.

우주의 궁극적 존재는 어떻게 입증할 수 있을까? 라이프니츠는 이 지점에서 신을 끌어 온다. 라이프니츠에 의하면 우연적으로 존재하는 사물들의 계열로는 이를 결코 설명할 수 없다고 본다. 왜냐하면 그 자체로서 물질은 운동과 정지에 대하여 무차별적이기 때문이다. 작용과 반작용을 물리학적으로 설명할 수는 있지만 그러한 운동을 발생시키는 최초의 원인은 결코 규명할 수 없다. 한 가지 원인을 밝혀내면 그것은 또 다른 원인으로 소급되고, 이 과정은 무한히 되풀이된다. 따라서 어떤 이유도 필요로 하지 않는 충분한 이유는 우연한 사물들의 계열 외부에 존재해야 하고, 이 계열의 원인이며 자신 안에 자신의 존재 이유를 가지고 있는 필연적 존재인 실체만이 우주의 궁극적 존재를 설명해줄 수 있다. 이 사물의 최종 근거를 라이프니츠는 신神이라고 부른다.

이 근원적인 단순 실체, 즉 신은 그의 결과인 파생된 실체들 안에 포함되어 있는 모든 완전성을 최고의 정도로 포함하고 있지 않으면 안 된다. 따라서 이 실체는 능력, 지식, 의지에 있어서 완전하다. 퍼펙트를 기록하는 투수처럼 볼넷과 안타, 득점, 사사구 등 아무것도 허용하지 않고 완벽하게 게임을 마무리한다. 신은 전능하고 전지하고 최고로 선하다. 나아가 가장 일반적인 의미에서의 정의란 지혜에 상응하는 선에 다름 아니기 때문에 신에게는 또한 최고의 정의가 귀속된다.

우주는 신의 이러한 속성으로 인해 최고의 완전한 질서 속에 세팅되어 있다. 완전한 것을 본질적 속성으로 하는 신이 창조했기 때문에 우주는 창조될 당시부터 현재까지, 그리고 장래에도 완벽한 질서 속에서 조화를 추구하도록 설계되어 있다. 이성이 우리에게 비록 거대한 미래의 세부적인 것까지는 가르쳐주지 못한다 하더라도—이것은 계시의 몫으로 남아 있다— 우리는 예정조화를 통하여 모든 사물들이 우리들의 기대를 능가하는 방식으로 존재한다는 것을 확신할 수 있다는 것이 라이프니츠의 설명이다.

라이프니츠의 이론에 따르면 정신이란 '이성을 가진 영혼'이다. 완벽한 수준에 도달한 정신, 그것이 바로 신이다. 이것은 데카르트에게도 스피노자에게도 마찬가지다. 정신은 단지 피조물들로 이루어진 우주를 반영하는 거울일 뿐만 아니라 신의 영상이기도 하다. 정신은 신의 작품에 대한 지각을 가지고 있을 뿐만 아니라, 또한 스스로 신의 작품들과 닮은 것들을 산출할 수도 있다. 그리고 우리의 영혼은 체계적이고 이성적인 정신 활동인 학문을 통해 신을 모방할 수 있다. 철학, 물리학, 논리학은 신의 이성을 모방하기 위한 정신의 행위이고, 예술은 신의 의지, 감정을 모방하기 위한 정신의 행위이다.

이성이라는 칼과 학문이라는 투구를 완벽하게 갖추고 있는 정신은 신과 함께 공동체를 구성하고, 신국神國의 구성원이 된다. 이 신국은 모든 군주들 중에서 가장 위대하고 가장 선한 군주에 의해 설립되고 통치되는 가장 완전한 국가이다. 이 국가 안에서는 어떠한 범죄도 처벌받지 않는 일이 없고, 어떠한 선행도 보상을 받지 않는 법이 없으며, 따라서 이 신국은 가장 정의로운 국가이며, 최고의 선과 덕, 행복이 보장되는 국가다. 신국 안에서는 자연의 법칙과 윤리적 규범이 완벽하게 조화를 이루며, 질서가 유지된다.

지구는 돌지만 여전히 해는 뜬다

모든 변화는 단계적으로 일어나고, 모든 작용은 반작용을 동반하며, 새로운 힘은 이전의 힘의 감소 없이는 생겨나지 않으며, 따라서 다른 물체를 끌고 가는 물체는 항상 끌려가는 물체에 의해 속도가 감속되고, 결과 안에는 원인 안에 보다 더 많지도 더 적지도 않은 능력이 포함되어 있다.

언뜻 보면 뉴턴의 물리학 법칙을 설명하고 있는 문장처럼 보이지만 라이프니츠가 쓴 『동역학의 시범』이라는 책에 나오는 문장이다.

'미적분을 누가 먼저 발견했는지'를 두고 라이프니츠는 뉴턴과 싸웠다. 영국왕립학회가 뉴턴의 손을 들어줬기 때문에 라이프니츠는 표절자라는 오명을 뒤집어쓰고 말년을 쓸쓸하게 보냈다. 하지만 오늘날에는 라이프니츠의 공적이 학계에서 그대로 인정되고 있다. 미적분은 두 사람이 독립적으로 발견했으며 뉴턴이 발표를 미루는 사이에 라이프니츠가 먼저 발표했다는 것이 정설로 굳어져 있다. 만일 이런 일이 오늘날 일어났다면 라이프니츠가 말년을 그렇게 쓸쓸하게 보내지는 않았을 것이다. 영국의 국력이 그 당시처럼 독일을 압도하지 않기 때문이다. 학문도 정치적 역학관계에서 자유로울 수 없다. 라이프니츠는 미적분뿐만 아니라 물리학에서도 뉴턴과 원조 대결을 펼쳤는데 위에서 인용한 문장은 그러한 법칙 가운데 하나다.

'통섭'이라는 인문학적 가치가 강조되고 있지만 우리가 말하는 통섭은 제한적이다. 사회과학과 인문과학의 융합 정도에 그친다. 그러나 진정한 통섭적 가치가 발현되려면 학문의 경계를 완전히 없애야 한다. 앞서 본 제임스 조이스의 원리는 문학을 넘어 모든 학문에 적용되어야 한다. 특히 자연과학과 인문사회과학의 경계를 허물지 않고서는 진정한 통섭은 불가능하다.

라이프니츠의 『동역학의 시범』이라는 책은 이 사실을 웅변적으로 보여 준다. 동역학이라는 제목이 말해주듯이 이 책은 통념적 시각으로 볼 때 물리학 책이다. 그러나 저자의 궁극적 의도는 형이상학, 즉 철학에 있다. 라이프니츠는 이 책을 데카르트의 형이상학을 반박하기 위해 저술했다. 데카르트가 말하는 연장^{extension}이라는 개념으로는 형이상학의 진정한 실체를 파악할 수 없다고 보고, 대안으로 라이프니츠는 힘이라는 개념을 추가했다. 정지된 공간에서의 기하학적 개념에다 방향성이라는 물리학적 개념을 더 입힌 형태다.

데카르트가 말하는 연장은 공간에서 크기, 형태, 위치를 차지한다. 연장이라는 개념에서 볼 때 모든 물체는 끝없는 분할, 분해가 가능하다. 이렇게 되면 사물의 실체를 발견할 수 없다는 것이 라이프니츠의 생각이다. 아무리 잘게 잘라도 사물은 또 자를 수 있기 때문에—그렇지 않으면 사물은 연장적일 수 없다— 완전한 단일체로서의 실체를 담지할 수 있는 그릇이 없다는 것이다. 그래서 라이프니츠는 진정한 실체를 물체가 아니라 정신, 그것의 완전체로서 신에게서 구하고 있다. 라이프니츠에 의하면 연장의 개념 위에서 구축된 기하학보다는 힘, 운동의 개념 위에서 구축된 물리학이 형이상학의 견지에서 볼 때 더 우월한 학문인 셈이다.

예수는 "하늘나라는 여기 있다고 할 것도 아니요, 저기 있다고 할 것도 아니요, 오직 네 마음속에 있다"고 했다. 그러면 신은 어디에 있을까? 라이프니츠의 또 다른 저서 『형이상학 논고』에 의하면 신은 머릿속에 있다. 이러한 생각이 인문학이 말하는 창조의 시작이다. 근대의 지평을 열어젖힌 것으로 평가받는 라이프니츠가 신神이라는 용어를 계속 쓰는 것을 두고 중세적 시각을 완전히 탈피하지 못했다고 보는 것은 단견이다. 라이프니츠에게 신은 정신세계의 온전하고 완전한 구현체이다. 신은 아담과 하와를 창조했다. 니체는 신을 죽였다. 라이프니츠는 신을 창조했다.

라이프니츠는 재미있는 비유를 들고 있다. "코페르니쿠스의 지동설이 과학적으로 입증되었지만 사람들은 여전히 해가 뜬다는 표현을 쓰고 있다. 대중적 개념에 더 일치하기 때문이다." 로크가 말한 빈 칠판(타블라

라사) 이론에 대해 반박하면서 이런 비유를 들었다. 감관으로부터 기인하지 않는 것이 없다는 로크의 주장이 오류이지만 앞으로도 사람들은 이런 표현을 자주 쓸 것이라는 뜻이다. 금방 와 닿고 편하기 때문이다. 그렇다고 라이프니츠는 이러한 로크의 주장이 옳다고 보지는 않는다. 관념^{Idea}의 씨앗이 없으면 어떠한 사유도, 철학적 인식도 불가능하다는 것이 라이프니츠의 주장이다.

데카르트나 칸트처럼 라이프니츠도 관념론자 축에 속한다. 라이프니츠는 경험론을 비판하는 데 있어서 칸트보다 더 적극적이다. 라이프니츠는 경험이 아니라 관념에서 모든 인식이 출발한다고 본다.

> 우리가 관념을 어떤 의미로 이해하든, 우리의 모든 개념들이, 우리가 외적 감관이라고 부르는 감관으로부터 기인한다고 말하는 것은 어떠한 경우에도 오류이다. 왜냐하면 내가 나 자신이나 나의 사상에 관하여, 따라서 존재, 실체, 행위, 동일성 및 다른 많은 사물들에 관하여 가지는 개념들은 내적 경험으로부터 기인하기 때문이다.

정신의 노히트 노런

라이프니츠에 의하면 신은 모든 정신들로 구성되는 가장 완전한 공동체의 군주이고, 이 신국神國의 행복이 그의 주목적이다. 신은 완전체를 추구하는 정신의 '지존' 같은 존재다. 기독교에서 말하는 신과는 인식의 궤적이 분명히 다르다. 그래서 라이프니츠가 중세적 틀에 묶였다고 보는 것은 단견이다. 용어만 빌릴 뿐 종교적 차원은 넘었다.

신이 완전체라고 보는 것은 어떤 의미일까? 야구의 예를 들어보자. 잘 던지는 투수가 있는 데 노히트 노런 게임을 했다. 그는 지존인가? 아니다. 그보다 더 잘 던지는 투수가 있을 수 있기 때문이다. 퍼펙트를 기록해야 그를 지존이라 할 수 있다. 등판할 때마다 퍼펙트를 기록하는 투수가 있다면 그는 가히 신이라 불릴 만하다.

라이프니츠가 말하는 신이란 이런 개념이다. 신은 불순물, 부족함이 전혀 없는 정신의 완전체. 이성을 가진 모나드인 정신들의 완전성은 창조 시점에 확정되는 것이 아니라, 창조된 이후에도 자신의 자유의지에 따른 도덕성의 실현을 통하여 끊임없이 증대될 수 있다는 것이 라이프니츠의 생각이다. 정신을 갈고 닦으면 인간도 신이 될 수 있다는 것이다. 물론 현실적으로는 불가능한 얘기지만.

이를 설명하는 『형이상학 논고』 원문을 보면 이렇게 되어 있다.

정신들은 최고의 정도로 완전화가 가능한 실체(실체는 물체와 대비되는 개념으로 영혼과 같은 의미로 이해하면 된다. 라이프니츠에 의하면 궁극적으로 물체란 존재하지 않는다)이다. 신은 존재의 근원이다. 신에게 최선의 것을 선택하려는 의지가 결여되어 있다면, 왜 더 나은, 더 좋은 어떤 것이 다른 것을 제치고 존재해야 하는지를 설명할 수 없다. 정신은 세계를 단지 표현할 뿐만 아니라 인식하고 신과 같은 방식으로 그것을 관리하기 때문에, 단지 정신만이 전체 세계에 상응하는 가치를 가진다.

완전한 정신들은 신을 군주로 삼아 공동체를 구성한다. 그 공동체의 목적은 구성원들(정신들)의 지고한 행복이다. 이러한 설명은 아리스토텔레스의 공동체 구성이론을 차용한 것이다. 아리스토텔레스는 『정치학』에서 인간은 사회적 동물이고, 구성원들의 지고 지선한 가치, 즉 행복을 추구하기 위해 공동체를 구성한다고 말한다.

창조에는 공짜가 없다

"참된 진리에 이르기 위해서는 규칙과 방법이 필요하다."

르네 데카르트^{René Descartes}는 『정신 지도를 위한 규칙』이라는 책에서 창조에는 공짜가 없음을 일깨워준다. 데카르트의 대표 저작 가운데 하나인 이 책은 수학과 기하학의 원리를 통해 철학의 방법론을 탐색하고 있는 책이다. 책의 전체 분량 가운데 절반 정도는 기하학과 수학의 원리를 설명하는 내용이다. 그렇다고 겁먹을 필요는 없다. 피타고라스 정리 정도만 알아도 책을 이해하는 데 아무런 지장이 없다.

인문학이 지향하는 학문적 가치는 통섭에 있다. 그런데 통섭의 깊은 맛을 우려내기 위해서는 학문들 사이의 경계를 완전히 허물어야 한다. 사회과학과 인문과학뿐만 아니라 자연과학과 인문과학의 담까지 없애야 진정한 통섭이 가능하다. 이런 측면에서 데카르트의 『정신지도를 위한 규칙』은 통섭의 진면목을 보여준다. 한마디로 통섭의 정석이다. 정신지도를 위한 제1규칙에서 데카르트는 통섭의 의미를 이렇게 설명한다.

모든 학문은 인간의 지혜와 다름 아니다. 지혜가 비록 여러 상이한 대상에 적용된다고 해도 그것은 언제나 동일하다. 따라서 우리가 생각해야 될 것은, 모든 학문은 서로 연결되어 있으므로, 따로 분리해서 하는 것보다 그것들을 함께 탐구하는 것이 훨씬 더 쉽다는 점이다. 진지하게 사물의 진리를 탐구하고자 하는 사람은 개별적인 학문을 취해서는 안 된다. 학문들은 서로 연결되어 있고, 서로 의존하고 있기 때문이다.

수학처럼 생각하고, 기하학처럼 추론하라

데카르트가 이 책을 쓴 목적은 '명증한 지식에 이르는 방법을 탐구하기 위한 것'이다. 데카르트의 대표작으로 알려진 『방법서설』의 예고편 격이다. 명증한 지식을 방해하는 것에는 검증되지 않은 개인적인 의견, 편견, 지나친 상상력, 막연한 추리와 같은 것들이다. 지금까지 알려진 모든 학문들 가운데 이러한 오류와 불확실성에서 확실하게 벗어나 있는 것은 수학과 기하학밖에 없다는 것이 데카르트의 주장이다. 그 이유를 데카르트는 이렇게 설명한다.

우리가 사물에 대한 인식에 도달하는 데는 두 가지 방식, 즉 경험과 연역이 있다. 그런데 사물에 대한 경험은 종종 오류에 빠질 수 있는 반면에, 연역, 즉 어떤 하나를 다른 하나에서 끌어내는 순수한 추리는 오성에 의해 혹은 이성적으로 이루어지기 때문에 잘못될 수 없다. 수학과 기하학은 순수하고 단순한 대상만을 다루고 있기 때문에, 경험이 불확실하게 만드는 것을 전혀 전제하지 않고, 결과들의 합리적 연역만으로 성립된다.

데카르트에 의하면 수학처럼 생각하고, 기하학처럼 추론하는 것이 명증한 진리에 이르는 가장 좋은 길이다. 이러한 데카르트의 방법론은 서양의 일반적인 지적 전통을 계승하는 것이다. 플라톤도 그가 설립한 아카데미아 정문에 '기하학을 모르는 자는 이 안에 들어오지 말라'고 내걸 정도로 수학적 사고를 학문의 기초로 생각했다.

명증한 지식을 구하기 위해서는 오류에 대한 두려움 없이 사물의 인식에 이르게 하는 오성의 작용을 모두 조사해야 하는데, 데카르트에 의하면, 이 작용은 직관과 연역이다. 데카르트는 직관이란 '변동이 심한 감각의 믿음이나 그릇되게 그려 내는 상상력의 판단이 아니라 순수하고 주의를 집중하는 정신의 단순하고 판명한 파악'이다. 직관은 오직 이성의 빛에서 유래하는 것이기 때문에 그 어떤 의심도 품을 수 없다. 직관의 예로 들 수 있는 것은 우리 각자가 현존한다는 것, 사유한다는 것, 삼각형은 세 변으로, 원은 단일한 표면으로 둘러싸여 있다는 것 등이다. 그리고 연역은 '어떤 하나가 확실하게 인식되는 어떤 다른 하나에서 필연적으로 도출되는 것'이다.

가장 단순한 것, 가장 쉬운 것이 절대적인 것

참된 진리에 이르기 위해서는 규칙과 방법이 필요하다. 방법이란 확실하고 쉬운 규칙을 의미한다. 이 규칙을 정확히 지키는 사람은 결코 거짓된 것을 참된 것으로 인정하지 않고, 쓸데없는 것에 정신적 노력을 기울이지 않으며, 그래서 그는 지식을 점차 늘려 자신의 역량 안에 있는 모든 것에 대한 참된 인식에 도달하게 된다.

데카르트에게 있어 통섭은 자연과학과 철학의 융합을 넘어서 음악의 경지까지 이른다. 데카르트는 천문학, 광학, 역학과 마찬가지로 음악도 수학의 한 분과 학문으로 간주하고 있다. 1618년 데카르트는 자신의 학문적 연구에 결정적인 영향을 미친 베크만에게 책을 한 권 헌정했는데 그 책 제목은 『음악개론』이었다. 데카르트에 의하면 순서나 척도에 의해 연구되는 것은 모두 수학에 속한다. 음계나 화성과 같은 음악이론도 모두 이러한 규칙에 따른다. 따라서 음악도 수학의 분과다.

데카르트에 따르면 진리는 복잡한 것에 있지 않다. 쉽고, 간단한 것에 진리가 있다. 진리에 이르는 첫 걸음은 그래서 복잡하고 모호한 명제들을 단계적으로 더 단순한 명제로 환원시킨 다음, 가장 단순한 것에 대한 직관에서부터 동일한 단계로 다른 것에 대한 인식으로 나아가는 것이라고 설명한다. 데카르트는 그러기 위해서 습관적 사고방식을 버리라고 말한다. 이미 지각하고 있는 하찮은 것에 대해서도 명민하게 반성하는 일에 익숙해질 필요가 있다고 강조한다.

빠짐없이 열거하고 면밀하게 검사하라

사람의 지능은 한계가 있다. 아무리 뛰어난 천재라도 인간은 누구나 한계를 갖고 있다. 특히 기억력은 그러한 약점이 두드러진다. 데카르트는 이러한 기억력의 약점을 보완하고 명증한 진리에 이르기 위해서는 빠짐없이 열거하고 면밀하게 검사하는 습관을 길러야 한다고 말한다. 지속적이고 어디에서도 단절되지 않은 사유 운동에 의해 그 전체 및 각각을 면밀히 검사하고, 충분한 열거로 그것을 파악해야 기억력의 한계를 보완할 수 있다는 것이다. 그리고 만일 찾고자 하는 사물의 계열에 있어서 우리 오성이 충분하게 직관할 수 없는 것이 나타나면 즉각 거기서 멈춰야 한다고 데카르트는 강조한다. 더 나가면 괜한 헛수고를 하는 것이다.

방법을 알고 난 이후에 할 일은 부단한 훈련과 연습이다. 어렵고 복잡한 문제도 부단히 연습하다 보면 쉽게 통찰할 수 있고, 원리를 발견할 수 있다는 것이 데카르트의 설명이다.

> 우리는 쉬운 것부터 방법을 갖고 연습해야 한다. 이렇게 해서 우리는 항상 장애물이 없는 잘 알려진 길로, 마치 놀이할 때처럼 진리의 심층부로 진입하는 데 익숙해질 수 있다. 왜냐하면 이로써 우리는 나중에 점점 그리고 기대했던 것보다 더 빨리, 아주 어렵고 복잡한 것으로 보이는 다른 명제들을 명증적인 원리들로부터 쉽게 연역해낼 수 있음을 알게 될 것이기 때문이다.

세상에는 공짜가 없다. 창조적 사유 능력을 키우는 것도 마찬가지다. 데카르트는 『정신지도를 위한 규칙들』이라는 책에서 이러한 평범한 진리를 새삼 일깨워준다. 청춘들이여, 정확한 규칙과 방법에 따라 생각하는 버릇을 가지고, 부단하게 훈련하라. 그러면 생각하는 힘은 분명히 자란다. 창조는 거기서 생긴다.

이성의 한계와 건강한 창조능력

"선험적 카테고리가 없이는 수학적 인식이나 물리학적 인식이 불가능하며,
그러한 학문이 성립되지 않는다."

현상학을 포함한 모든 철학은 결국 이성의 능력을 좀 더 세련되고 하고, 강하게 하려는 정신의 노력이다. 결국 이성의 능력이 어디까지 허용되고, 어디까지 그 능력을 발휘할 수 있는지를 알아야 올바른 창조능력을 펼칠 수 있는 것이다. 그렇다면 이성의 한계는 어디까지일까? 이성으로 우리는 얼마만큼 세상과 인간을 정확하게 알 수 있을까? 임마누엘 칸트 Immanuel Kant를 통해 해답의 실마리를 찾으면서 글을 마무리하자.

칸트의 『순수이성비판』은 이성의 역할과 한계에 대한 정직하고, 엄격한 철학적 탐색이다. 이성 자신의 눈으로 스스로를 관찰하고 있다는 점에서 『순수이성비판』은 이성의 자기 검열이다. 칸트는 이 작업을 위해 이성을 심판대에 세운다. 피고도 이성이고, 원고도 이성이고, 배심원도 이성이고, 판사도 이성이다. 이성은 자신을 낱낱이 벗기고, 해부하고, 들여

다본다. 순수는 경험의 태가 전혀 끼지 않은 원형 그대로라는 의미고, 비판은 완성된 교조적 규칙이 아니라 그것을 위한 예비적 탐색이라는 의미다.

이성의 자기검열

칸트의 아버지는 어느 날 고향으로 가는 길에 강도를 만났다. 강도가 말한다. "가지고 있는 걸 모두 내놓으면 목숨을 살려주겠다." 칸트의 아버지는 지니고 있는 소지품을 몽땅 털어서 강도에게 건네주었다. 그리고 다시 길을 떠났다. 그런데 길을 가다가 문득 자신의 속주머니에 황금이 있다는 사실을 깨달았다. 칸트의 아버지는 다시 돌아가서 강도에게 말한다. "가다가 생각해보니 당신에게 황금을 주지 않았소. 여기 있소, 받으시오." 강도는 무릎을 꿇는다. "나를 용서해주시오. 그리고 당신 짐을 모두 가지고 가시오." 칸트 아버지의 정직함은 용서와 화해를 창조하고 생명을 창조했다. 정직은 최선의 정책이면서 동시에 창조의 어머니다.

아버지의 이러한 유전자를 물려받은 탓일까? 칸트는 일상생활부터 학문의 방법론에 이르기까지 철두철미하게 정직하고자 노력했다. 한 치의 흐트러짐도 한 치의 오차도 없었다. 그는 마을의 시계였고, 시민들의 도덕적 좌표였다. 『순수이성비판』은 칸트의 이러한 성품을 그대로 보여주는 저작이다. 일체의 편견 없이, 일체의 선입견 없이 칸트는 있는 그대로의 이성을 '순수하게' 들여다본다. 이 책으로 칸트는 근대철학을 창조했다.

서양 철학은 플라톤의 관념론과 아리스토텔레스의 경험론이 양대 산맥을 이루고 있다. 후일의 저작들은 모두 이 줄기 위에서 피어난 서로 다른 모양과 색깔의 꽃이다. 관념론은 데카르트와 스피노자 등으로 그 맥이 이어지고, 경험론은 로크와 흄이 계보를 이어왔다. 칸트는 이 양자를 하나로 연결 짓는다. 칸트가 내린 결론은 이렇다.

> 경험 이전의 순수한 선험적 영역이 분명히 존재한다. 따라서 경험론은 인식론적 오류다. 그렇다고 플라톤의 관념론이 올바른 것은 아니다. 플라톤은 이성의 인식 한계를 넘어섰다. 이성은 선험적 인식이 가능하지만 그것은 경험적 대상에 적용될 때 의미가 있는 것이다. 플라톤이 말한 초월적 이데아론은 무원칙하고, 방만하게 이성을 과대평가했다. 나가도 너무 나갔다.

이러한 칸트의 철학적 업적에 대한 평가는 엇갈린다. 그가 관념론과 경험론의 간극을 완전히 매웠다고 보는 평자도 있고, 그도 결국 따지고 보면 관념론자라는 평자도 있다.

공간과 시간을 새롭게 창조하다

칸트는 공간과 시간에 대한 논의로 경험론의 오류를 지적한다. 이 논의로 칸트는 공간과 시간을 새롭게 창조한다. 내 몸이 차지하고 있는 공간, 내가 사는 집이 차지하는 공간은 분명히 경험적이다. 그것은 내 눈으로 인식이 가능하고, 관찰이 가능하다. 모든 사물은 그래서 연장적이다. 점이 선이 되고, 선이 도형이 되고, 도형이 입체적 물건이 되는 것처럼 모든 것은 늘어나고 확대된다. 그래서 공간을 차지한다. 그렇다고 이런 부분적 공간들이 모인다고 하나의 '공간'이 탄생하는 것은 아니다. 우리가 일반적으로 말하는 그 '공간'은 부분들의 합이 아니라 별개로 존재하는 개념이다. 이것은 무한하고, 초월적이다. 인간의 감성으로는 인식이 불가능한 '공간'이라는 개념이 분명히 존재한다. 그래서 공간은 선험적이다. 시간도 마찬가지다. 내 몸이 어제 다르고 오늘 다른 것은 시간이 있기 때문이다. 씨앗에서 싹이 트고, 줄기가 만들어지고, 꽃이 피는 것도 시간이 개입되어 있기 때문이다. 이것은 경험적이다. 시각, 촉각, 후각 등의 감각기관으로 우리가 관찰 가능한 경험적 영역이다. 그러나 '시간'이라는 일반적인 개념은 우리 눈으로 관찰할 수 없다. 시계가 그걸 표시할 수는 있지만 '시간' 그 자체를 무어라고 표현할 수는 없다. 그러한 '시간'이라는 개념이 분명히 존재하지만 결코 경험적으로 그려낼 수는 없다. 경험적 영역과 무관하게 존재하는 '시간'이라는 선험적 영역이 존재한다. 여기까지가 로크, 흄 등이 말하는 경험론에 대한 비판이다.

그러나 경험을 떠난 선험은 인간에게 아무런 의미를 갖지 못한다. 선험적으로 존재하는 공간과 시간은 그 자신을 채우는 경험적 물체들로 인해서 존재 의미를 갖는다. 우주 공간에 붕 떠 있는 공간과 시간 그 자체로는 아무 의미가 없다. 플라톤이 말하는 이데아는 붕 떠 있는 것이다. 그래서 실패작이다. 칸트 자신의 표현에 의하면 그것은 '공리공담'이고, '계획적인 사기에다 진리의 외관을 입히는 궤변적인 기술', '지각들의 광

상곡'에 지나지 않는다. 이러한 가르침은 어떠한 방식으로도 철학의 존엄에 합당한 것이 아니라는 것이 칸트의 주장이다.

칸트는 이해를 돕기 위해 수학과 물리학의 예를 든다. 1, 2, 3, 4 등의 숫자는 경험적으로 인식가능한 것이다. 그러나 일반적인 '수數'는 어떤가? 수를 어떻게 경험적으로 표상할 것인가? 그것은 불가능하다. 이것은 앞서 말한 '공간'과 '시간'처럼 선험적 영역으로 존재하는 것이다. 기하학도 마찬가지다. 삼각형, 사각형은 여러 종류가 있다. 크기가 다르고, 각도가 다른 도형들은 경험적으로 인식 가능한 것들이다. 그러나 일반적인 '삼각형', '사각형', '원', '도형'은 어떤가? 경험적 인식이 불가능하다. 물리학에서 말하는 무게, 힘, 마찰과 같은 개념들도 같은 이치로 선험적 영역의 개념들이 존재한다. 그러나 이러한 선험적 개념들은 그 자체로서는 아무런 의미가 없다. 1, 2, 3, 4와 같은 구체적인 숫자나, 삼각형, 원 등으로 그 모습을 인식할 수 있고, 드러낼 때 학문이 가능해진다. 선험적 영역이 경험적 영역으로 드러나야만 의미가 있다. 기준이 없이는 정책을 입안해서 실행하는 것이 불가능하다. 그리고 규칙이 없이는 행위에 대한 포상이나 처벌이 불가능하다. 이와 같은 이치로 선험적 카테고리가 없이는 수학적 인식이나 물리학적 인식이 불가능하며, 그러한 학문이 성립되지도 않는다. 경험은 선험이 있음으로써 가능하고, 선험은 경험을 전제로 유의미한 인식의 수단이 될 수 있다는 점에서 두 개념은 이성 안에서 하나로 통합되어 있다.

플라톤에서 시작된 서양철학의 물줄기는 데카르트와 칸트를 거쳐 후설의 현상학에 이르러 하나의 큰 강으로 통합되었다. 하지만 그 강은 고정되어 있지 않고 계속해서 흐른다. 흘러서 새로운 지류들을 만들어내고있다. 데리다의 해체주의와 질 들뢰즈의 포스트모더니즘은 그 지류들을대표하는 현대철학의 분파다. 그렇다고 이들의 생각이 후설이나 메를로퐁티와 같은 현상학자들의 생각과 근본적으로 차이가 나는 것은 아니다. 세상을 보는 시각과 방법론에 미세한 차이가 있을 뿐이다.

어떤 학문을 공부한다는 것은 단순히 정보의 양을 채워가는 게 아니라, 인식을 전환하고 확장해나가는데 도움을 주기 위해서다. 세상을 인문적으로 해석하는데 근본이 되는 철학, 그것도 현상의 본질을 파헤치는 현상학의 경우 '인식의 확장'이라는 과제에 크나큰 도움을 줄 것이다. 독자들이 이 책을 도움닫기해서 더욱 심화된 철학적 연구로 나아갈 수도 있겠다.

물론 팍팍한 삶을 살아가는 청춘이 이들 철학자들의 생각에 자신의생각을 그대로 꿰맞출 필요는 없다. 그것은 바람직하지도 않고 권장하고싶지도 않다. 그들의 프레임을 빌려와서 내가 세상을 보는 방식으로 활용하면 된다. 그 프레임이 현상학이 되었던, 해체주의가 되었던, 포스트모더니즘이 되었던 그것은 중요하지 않다. 칸트, 후설, 들뢰즈의 고뇌가 무엇이었는지 진지하게 성찰하고, 그 고민과 성찰 속에서 나만의 시각, 전략, 태도를 키워나가려는 마음가짐이 중요하다.

끝으로, 『논어』에 나오는 다음 두 구절을 소개하면서 글을 마무리한다. 논어는 철학책은 아니지만 현상학을 포함한 모든 서양철학이 추구하는 방법론의 핵심을 꿰뚫고 있다.

절문근사 切問近思, 절실하게 묻고 깊이 생각한다.

술이부작 述而不作, 사실의 기술에 충실하되 지어내지는 않는다.

『구토』, 장 폴 사르트르, 이희영, 동서문화사, 2011.

『논리, 철학 논고』, 루트비히 비트겐슈타인, 이영철, 책세상, 2006.

『눈과 마음』, 모리스 메를로퐁티, 김정아, 마음산책, 2008.

『라이프치히 읽기』, 서정욱, 세창출판사, 2015.

『라이프치히의 형이상학』, 박제철, 서강대학교출판부, 2013.

『라캉의 주체 : 언어와 향유 사이에서』, 브루스 핑크, 이성민, b, 2010.

『로드 짐 1,2』, 조셉 콘래드, 이상옥, 민음사, 2005.

『마흔, 논어를 읽어야 할 시간』, 신정근, 21세기북스, 2011.

『몸, 주체, 권력 : 메를로퐁티와 푸코의 몸 개념』, 강미라, 이학사, 2011.

『방법서설 : 정신지도를 위한 규칙들』, 르네 데카르트, 이현복, 문예출판사, 1997.

『불안의 개념』, 쇠렌 키르케고르, 임규정, 한길사, 2008.

『불안, 키르케고르의 실험적 심리학』, 안상혁, 성균관대학교 출판부, 2015.

『삶의 한가운데』, 루이제 린저, 박찬일, 민음사, 2012.

『세계철학사』, 한스 요하임 슈퇴리히, 박인수, 이룸, 2008.

『소크라테스 이전 철학자들의 단편선』, 김인곤 외, 아카넷, 2005.

『순수이성비판1,2』, 임마누엘 칸트, 백종현, 아카넷, 2008.

『에티카』, 베네딕트 데 스피노자, 황태연, 피앤비, 2011.

『율리시스』, 제임스 조이스, 김종건, 생각의 나무, 2011.

『의지와 표상으로서의 세계』, 아르투어 쇼펜하우어, 홍성광, 을유문화사, 2011.

『이성과 감성』, 제인 오스틴, 조희수, 움직이는 책, 1995.

『정념론 : 영혼의 정념들』, 르네 데카르트, 김선영, 문예출판사, 2013.

『정신현상학』, 프리드리히 헤겔, 김양순, 동서문화사, 2011.

『정신현상학 : 자기 내적 거리 유지의 오디세이아』, 최신한, 살림출판사, 2007.

『존재와 무 : 자유를 향한 실존적 탐색』, 장 폴 사르트르, 변광배, 살림출판사, 2005.

『존재와 시간 : 인간은 죽음을 향한 존재』, 하이데거, 이기상, 살림출판사, 2007.

『지각의 현상학』, 모리스 메를로퐁티, 류의근, 문학과 지성사, 2002.

『진리와 논박 : 플라톤과 파르메니데스』, 이상인, 길, 2011.

『질 들뢰즈』, 김상환, 민음사, 2004.

『차라투스트라는 이렇게 말했다』, 프리드리히 니체, 장희창, 민음사, 2011.

『처음 읽는 레비나스 : 타자를 향한 존재론적 모험』, 콜린 데이비스, 주완식, 동녘, 2014.

『철학연습 : 서동욱의 현대철학 에세이』, 서동욱, 반비, 2011.

『철학적 탐구』, 비트겐슈타인, 이영철, 책세상, 2006.

『창조적 진화』, 앙리 베르그손, 황수영, 아카넷, 2005.

『피네간의 경야』, 제임스 조이스, 김종건, 범우사, 2002.

『해체』, 자크 데리다, 김보현, 문예출판사, 1996.

『현상학과 분석철학 : 후설, 하이데거, 사르트르, 메를로퐁티, 무어, 러셀, 카르납, 비트겐슈타인』, 박이문, 지와사랑, 2007.

『현상학이란 무엇인가』, 피에르 테브나즈, 김동규, 그린비, 2011.

『현상학이란 무엇인가, 후설의 후기 사상을 중심으로』, 닛타 요시히로, 박인성, b, 2014.

『현상학적 심리학 : 1925년 여름학기 강의』, 에드문트 후설, 이종훈, 한길사, 2013.

『형이상학논고』, 빌헬름 라이프니츠, 윤선구, 아카넷, 2010.

『후설 & 하이데거』, 박승억, 김영사, 2007.

푸른들녘 인문·교양 시리즈

인문·교양의 다양한 주제들을 폭넓고 섬세하게 바라보는 〈푸른들녘 인문 교양〉 시리즈.
일상에서 만나는 다양한 주제들을 통해 사람의 이야기를 들여다본다. '앎이 녹아든 삶'을
지향하는 이 시리즈는 주변의 구체적인 사물과 현상에서 출발하여 문화·정치·경제·철
학·사회·예술·역사 등 다방면의 영역으로 생각을 확대할 수 있도록 구성되었다. 독특하
고 풍미 넘치는 인문 교양의 향연으로 여러분을 초대한다.

001 옷장에서 나온 인문학

이민정 지음 | 240쪽

추운 지역에서 털가죽을 두르고 지내는 사람이든 더운 지역
에서 식물로 만든 옷을 걸치고 지내는 사람이든 우리 몸을 보
호하고 장식해주는 옷과 완전히 등을 진 사람은 없다. 우리가
옷을 알아야 하는 이유다. 옷이라는 친근한 소재를 통해 사람
의 몸, 노동의 과거와 현재, 종교 갈등, 동물 보호 문제, 경제학
과 철학, 역사까지 자유자재로 넘나드는 이 책은 옷이 어떻게
만들어지는지, 어떤 방식으로 사람들과 어우러지는지, 다 입
고 난 뒤엔 어떻게 버려지는지, 그야말로 옷의 '삶' 전반을 저
자의 친절하고 재미있는 안내와 함께 둘러본다. 옷 한 벌 한 벌에 얽힌 이야기를 읽으면서
다양한 정보는 물론 인문사회학적 지식까지 자연스럽게 흡수할 수 있다.

002 집에 들어온 인문학

서윤영 지음 | 248쪽

거리를 채운 건축물들의 종류를 살펴보면서 그것들이 기능하
는 원리를 생각해보자. 언뜻 서로 관련이 없어 보이는 병원과
학교, 백화점, 모델하우스 등등 다양한 건축물들이 비슷한 원
리 아래 돌아가고 있다면? 이번에는 시선을 돌려 골목마다 즐
비한 카페들을 보자. 대체 이 건물들은 어쩌다 주택가까지 진
출하게 되었을까? 이렇게 집과 집, 건축물과 건축물을 잇는 이
야기를 읽다 보면, 어느새 머릿속에 나만의 지도가 그려진다.
인문학적 시선에서 건축을 바라보면 우리가 어렵게 느끼게 마
련인 '세상의 원리'를 좀 더 시각적으로 이해할 수 있게 된다. 『집에 들어온 인문학』은 그
이해를 쉽고 재미있게 도와줄 수 있는 가장 적확한 책이다.

003 책상을 떠난 철학

이현영 · 장기혁 · 신아연 지음 | 256쪽

청소년들이 실제로 일상에서 겪는 여러 가지 삶의 문제를 끄집어내어 해석하고, 더 나아가 자신의 삶을 건강하고 아름답게 가꾸는 데 보탬이 될 수 있도록 엮은 실용적인 철학 입문서이다. 내 앞에 놓인 다양한 질문을 들고 인생의 선배와 만나 이야기를 나누는 등장인물들을 통해 독자들은 "맞아, 내 고민이 바로 그거야!" 하고 공감하는 동시에 스스로 답을 찾아갈 힘을 얻게 될 것이다. 인생길에서 종종 만나는 근원적인 질문의 답이 궁금한 청소년들, 자신의 삶에 깊이를 더하고 싶은 사람들, 자녀의 고민을 더 깊이 이해하고 싶은 부모님들, 그리고 토론과 글쓰기 수업에 활용할 자료를 찾고 있는 교사들에게 이 책을 권한다.

004 우리말 밭다리걸기

나윤정 · 김주동 지음 | 240쪽

일상생활 속에서 소재를 잡아내어 우리말의 바른 쓰임과 연결해주고, 까다로운 맞춤법을 깨알 같은 재미로 분석해주는 책. 〈1부 밭다리 후리기〉는 우리말을 똑똑하게 쓰는 법(맞춤법/띄어쓰기/발음)에 초점을 맞추었고, 〈2부 밭다리 감아돌리기〉는 잘못 쓰고 있는 외래어나 관용어(한자어) 등을 바로잡는 데 초점을 맞추었다. 각 글의 말미에는 마무리 문제를 실어서 이해한 바를 체크하고 지나갈 수 있도록 구성했다. SNS에 글을 많이 노출하는 청소년들, 학창시절 국어시간 이외에는 우리말 공부에 관심을 갖지 않았던 일반인들, 정확한 글쓰기를 연습하기 위해 노력하는 직장인들에게 이 책은 유익한 우리말 길잡이가 되어줄 것이다.

005 내 친구 톨스토이

박홍규 지음 | 344쪽

톨스토이는 어떤 사람이었을까. 그의 작품은 세계문학전집 중 한 권에 불과할 뿐 '지금, 여기'를 살아가는 우리에게 도무지 감흥을 불러일으킬 수 없는 것인가? 저자는 이 같은 궁금증을 한 꺼풀씩 벗겨내기 위해 톨스토이란 인물의 행보를 연대기적으로 좇으면서 그의 사상이 어떻게 변화하는지 보여준 다음 다양한 변화의 모습들이 어떻게 작품으로 형상화되는지, 작품의 인물 속에 어떤 방식으로 드러나는지 소개한다. 또한 러시아에서 톨스토이가 미움을 받는 이유, 한국을 비롯한 아시아에서 그를 오해하는 까닭도 파헤친다. 저자가 안내하는 대로 책을 읽다 보면 톨스토이의 진짜 모습을 만나고 그가 쓴 작품들의 의미도 이해하게 될 것이다.

006 걸리버를 따라서, 스위프트를 찾아서

박홍규 지음 | 348쪽

이 책은 어린이용 동화로 소개되거나 받아들여진 『걸리버 여행기』가 실은 현존하는 문학 작품 중 최고의 풍자문학이라는 점, 그 풍자의 칼끝이 정치를 비롯한 인간세상의 위선과 모순을 겨눈다는 점, 그럼에도 작가 스위프트가 인간에 대한 사랑을 거두지 않았기에 이 같은 위대한 작품이 탄생할 수 있었다는 점을 보여주는 한 편의 또 다른 멋진 여행기이자 『걸리버 여행기』를 가장 정확하게 이해하게 해주는 친절하고 정교한 안내서이다. 스위프트가 발표한 여러 작품에 대한 소개, '여행기'라는 같은 형식을 띤 『걸리버 여행기』와 『로빈스 크루소』가 왜, 어떻게 다른가에 대한 분석 등은 이 책만이 지니는 특장이다.

007 까칠한 정치, 우직한 법을 만나다

승지홍 지음 | 440쪽

"법과 정치를 쉽고 흥미롭게 공부할 수 있는 인문교양서를 만들어보자"는 취지에서 출발한 이 책은 가장 실용적인 학문인 법학과 정치학이 실제로 우리 주변에서 어떤 식으로 전개되는지, 우리의 일상과 어떤 관계를 맺는지, 그 쓰임은 어디까지인지를 알려주는 친절하고 정교한 교양서이다. 까다롭고 어렵게만 보이는 법과 정치 분야를 일상에서 자주 접할 수 있는 친근한 사례와 함께 조목조목 짚어주면서 학교 공부에 필요한 지식뿐 아니라 우리가 살아갈 때 꼭 해결해야 하거나 사건 사고가 발생했을 때 알아두어야 할 점, 민주주의의 근간을 이루는 법과 정치의 체계, 그리고 세계인으로서 갖추어야 할 덕목과 지식을 한눈에 살필 수 있도록 구성했다.

008/009 청년을 위한 세계사 강의1,2

모지현 지음 | 각 권 450쪽 내외

인류가 청동기와 문자를 기반으로 문명을 꽃피운 이래 역사가 어떻게 흘러갔는지 살피는 이 책은 시대별로 진행되었던 기존의 서양사 중심 서술을 지양한다. 1권에서는 서아시아 지방에서 시작된 인류 문명이 유럽을 넘는 과정을, 2권에서는 그 문명이 아메리카와 오세아니아를 돌며 동아시아 대륙을 거친 후 아프리카와 현대의 서아시아에서 다시 만나는 과정을 탐색하는 새로운 방식을 취한다. 세계사에서 흔히 다루는 유물과 유적이나 전투 중심의 서술 대신 우리와 같은 모습으로 살아간 '누군가의 있었던 삶'을 추적하면서 역사란 '그것들이 모여 이루어진 하나의 큰 흐름'임을 자연스레 이해하게 해주는 이 책은 완벽한 스토리텔링을 자랑하는 세계사 안내서이다.

010 망치를 든 철학자 니체 vs. 불꽃을 품은 철학자 포이어바흐

강대석 지음 | 184쪽

니체와 포이어바흐를 비롯, 세기의 철학자들이 모여 자신들의 생각을 나누는 철학 토론장으로 독자를 초대한다. 논쟁의 핵심은 철학과 종교의 관계다. 철학과 종교의 역할이 분명하게 구분되지 않을 때 어중간한 철학이 나타나 철학의 올바른 과제를 수행하지 못했다는 것이 니체와 포이어바흐의 신념인데, 이는 저자의 신념이기도 하다. 더불어 이 논쟁에서는 유물론과 관념론의 문제도 논의된다. 같은 무신론철학자이면서도 니체는 관념론적이었고 포이어바흐는 유물론적이었기 때문이다. 저자는 과학적인 현실을 중시하는 유물론과 인간에게 이상을 심어주는 관념론이 균형을 이루어야 철학은 물론 인간 사회 역시 올바르게 발전할 수 있다고 강조한다.

011 맨 처음 성性 인문학

박홍규 · 최재목 · 김경천 지음 | 328쪽

이 책은 성 문제를 '동서양 자위의 사상사'로 먼저 접근했다는 점에서 가히 전인미답의 분야라 할 만하다. 박홍규 교수는 서양의 사상사 내지 정신사 차원에서 자위 문제가 어떻게 다루어졌는지를 살피고(1부 〈서양의 자위 사상사〉), 동양철학 전공자인 최재목 교수가 동양 사상과 문화에서 드러나는 자위 문제를 고찰함으로써(2부 〈동아시아 사상·문화에서 보는 '자위'〉) 동서양 사상의 차원에서 자위 문제를 보다 심도 있고 종합적으로 바라볼 수 있도록 구성했다. 3부 〈자위와 법〉은 이 책의 핵심이자 가장 유용한 부분으로 저자의 진지한 고뇌와 사색, 연구와 상담, 치유법 등을 만날 수 있다. 쓸모 있는 성교육을 고민하는 모든 이에게 이 책은 유용한 지침서가 될 것이다.

012 가거라 용감하게, 아들아!

박홍규 지음 | 384쪽

루쉰의 시기별 활동과 주요 작품을 분석한 책. 루쉰은 몇 가지 틀 안에 가둘 수 없을 만큼 변화무쌍한 발자취를 남긴 인물이다. 따라서 저자는 그의 성격과 사상이 극명하게 드러나는 '잡문'을 바탕으로 루쉰의 참 모습을 조명한다. 바로 비판적 지식인이자, 권력과 권위를 부정한 자유인이며, 모순을 안고 살아간 평범한 인간, 그리고 인간성을 끊임없이 탐구한 작가로서의 루쉰이다. 하지만 이 책의 가장 큰 미덕은 반(反)권력과 반(反)노예를 향한 100여 년 전 루쉰의 외침이 오늘날 한국에서도 설득력 있게 울려 퍼지는 이유를 돌아보는 것이다. 올바른 삶의 방향을 설정하고자 애쓰는 청소년들, 인생의 길을 찾기 위해 고군분투하는 청년들에게 이 책을 권한다.

013 태초에 행동이 있었다

박홍규 지음 | 400쪽

고전 중의 고전 『돈키호테』를 '자유인의 정의감과 정신성, 인류애의 구현'이라는 관점에서 새롭게 조명한 책으로 '자유, 자치, 자연'을 현재 진행형으로 구현하는 저자 박홍규의 독특한 관점이 400년 전의 세르반테스와 그의 명저 『돈키호테』와 만나 인류의 보편적인 정서와 정신성이 과거에 어떤 식으로 조명되었는지, 현재 나의 삶에 어떤 영향을 미치고 있는지 보여주는 청소년을 위한 고전 읽기 해설서다. 각자가 스스로 인생의 주체가 되는 삶, 끊임없이 자기 운명을 개척해나가는 삶을 위한 아름답고 따뜻하며 가슴 찡한 헌사인 이 책은 장장 1500페이지가 넘는 원작을 읽기 전에 반드시 읽어야 할 가장 정확하고 알찬 내비게이션이기도 하다.

014 세상과 통하는 철학

이현영 · 장기혁 · 신아연 지음 | 256쪽

철학의 본령은 서재에 머물거나 삶과 동떨어진 뜬구름 잡기가
아니다. '지금 여기에서 살아가는 나와 세상'이 접점을 찾아가
는 과정을 친절하게 때로는 엄중하게 안내하는 것이다. 저자
들의 전작『책상을 떠난 철학』이 "사랑과 실존, 일과 놀이, 선
과 악, 삶과 죽음, 가상과 현실, 남과 여, 행복과 불행"처럼 보
다 근본적인 문제를 중심으로 다루었다면, 『세상과 통하는 철
학』에서는 "역사, 과학기술, 예술, 생태, 교육, 정의"와 같은 삶
밀착형 문제들에 대한 의문을 함께 풀어나가는 데 방점을 찍었다. 앎과 행동의 괴리 때문
에 고민하는 청소년들, 자녀(학생)들의 생각과 욕구, 좌절과 희망을 이해하고 싶어 하는
어른들에게 이 책은 큰 도움이 될 것이다.

015 명언 철학사

강대석 지음 | 400쪽

서양 사상사의 전통을 세운 철학자들이 남긴 주요 명언을 통
해 그들의 사상과 철학의 흐름을 소개하는 책. 저자가 엄선한
총 62명의 철학자는 당대의 시대정신을 정립하거나 대표했던
사상가들로서 "변하지 않는 진리란 무엇인가?", "신(神)은 정
말로 존재하는가?", "시간과 공간은 무엇인가?", "정의란 무엇
인가?" 등등 굵직한 의문에 답을 찾기 위해 진지한 사색과 연
구를 거친 인물들이다. 저자는 특히 우리나라에 관념론 위주
의 철학과 철학자들이 편중되어 알려졌다는 현실에 이의를 제기하면서 "철학(자)의 현실
참여 의지"가 매우 중요하다는 신념 아래 유물론을 바탕으로 사상의 꽃을 피웠던 철학자
들을 소개하는 데 지면을 할애했다.

016 청와대는 건물 이름이 아니다

정승원 지음 | 272쪽

단언컨대 기호학은 매우 쓸모 있는 학문이다. 기호학을 공부
하면 세상과 제대로 의사소통을 할 수 있고, 사회문화 현상 뒤
에 숨어 있는 의미를 분석할 수 있고, 정치인들의 애매모호하
고 복잡한 언어를 해석할 수 있다. 난해한 시와 현대미술이 주
는 충격에서 벗어나 각종 예술 작품의 진의를 파악하기도 쉬
워진다. 타자에 대한 이해와 배려가 깊어지고, 뻔한 사고의 틀
에서 벗어날 수 있게 해준다. 이 세상은 그야말로, 우리가 날
마다 사용하는 언어는 물론 숫자, 상징, 약속, 대중매체 등에 이르기까지 '기호'로 가득 차
있기 때문이다. 기호학이라는 다소 낯선 분야를 소개하는 이 책은 세상과 사물을 다르
게, 좀 더 넓고 깊게, 정확하고 풍부하게 이해하기를 원하는 독자들에게 새로운 인식의 지
평을 열어줄 것이다.

017 내가 사랑한 수학자들

박형주 지음 | 208쪽

20세기에 활약했던 다양한 개성을 지닌 수학자들을 통해 '인
간의 얼굴을 한 수학'을 그린 책으로 "내 눈에는 오직 수학만
보여"라고 외쳤던 이면에 숨어 있는 인류애를 통해 그들이 수
학을 기반으로 어떻게 과학기술을 발전시켰는지, 삶의 질을
향상하는 데 어떤 방식으로 기여했는지, 인류사의 흐름을 어
떻게 긍정적으로 변화시켰는지 보여주는 교양 필독서다. 입시
수학에 지친 독자들에게, 인류 지성사를 수놓은 위대한 천재
들의 삶에 관심을 지닌 또 다른 독자들에게 이 책이 새로운 영감의 출발이자 위안이 되길
바란다. 과학자로서 드물게 인문학적 글쓰기가 돋보이는 저자의 '색다른 수학 칼럼' 세 편
은 독자들을 위한 흥미로운 보너스다.

018 루소와 볼테르; 인류의 진보적 혁명을 논하다

강대석 지음 | 232쪽

볼테르와 루소는 1789년의 프랑스혁명을 이념적으로 준비한 철학자들이다. 1부에서는 두 철학자가 자신의 삶을 스토리텔링 기법으로 들려준다. 혁명 전야의 프랑스가 정치적으로나 사상적으로 어떤 분위기에 있었는지, 뭇 사람들처럼 사랑과 모험의 열병을 앓았던 소년기와 청년기의 삶은 어땠는지, 학문적 업적과 인생을 정리하는 후반기의 삶은 어떠했는지 솔직하게 털어놓는다. 2부에서는 볼테르와 루소가 자신들의 주요 저작을 토대로 "무엇이 인류의 행복을 증진할까?", "인간의 불평등은 어디서 기원하는가?", "참된 신앙이란 무엇인가?", "교육의 본질은 무엇인가?", "역사를 연구하는 데 철학이 꼭 필요한가?" 등의 문제에 대한 답을 찾기 위해 격렬한 논쟁을 벌인다.

019 제우스는 죽었다; 그리스로마 신화 파격적으로 읽기

박홍규 지음 | 416쪽

교양 있는 사람이라면 그리스 로마 신화를 반드시 읽어야 한다고 생각한다. 서양문화의 원류라는 인식 때문이다. 그런데 그리스 로마 신화를 읽으면서 불편함을 느끼는 사람은 없었을까? 인간적인 신을 보여준다는 명목 아래 시기와 질투, 폭력과 독재, 파괴와 침략, 지배와 피지배 구조, 이방의 존재들을 괴물로 치부하여 처단하는 행태에 반감을 느낀 독자는 혹시 없을까? 당시 그리스 사회에는 반 이상의 사람들이 노예로 살고 있었는데, 왜 그들은 신화에 등장하지 않는 걸까? 그리스 로마 신화에 나오는 수많은 괴물은 정말 괴물이었을까? 이 책은 이런 의문에서 출발하여 종래의 무분별한 수용을 비판하면서 신화에 담긴 3중 차별 구조를 들춰보는 새로운 시도이다.